06. 龙吉公主（文曲星）

文曲星，五行属癸水，代表口才、文思。龙吉乃姜子牙麾下女将，六艺精通，口才亦佳，死后受封为文曲星，司掌优雅、文思、辩才。

09. 闻仲（天相星）

天相星，五行属壬水，代表官禄、权力。纣王忠臣闻太师，文武双全，忠胆爱国，掌管实权。他领军对抗周文王，奋勇御敌，不幸战死于沙场，死后受封为天相星，成为官禄之神，司掌忠诚。

11. 土行孙（地空星）

地空星，五行属丁火，代表突然、失去。土行孙乃俱留孙之徒，受到申公豹蛊惑，凭借遁地术和捆仙绳，发动突然袭击，俘虏了姜子牙手下诸多大将，后被杨戬所擒，归顺西周。死后被封为地空星，司掌突袭、夺取。

03. 姜皇后（天府星）

天府星，五行属戊土，代表慈悲、才能。神话中的天府星代表纣王的妻子姜皇后，她心慈贤淑，有德有才，恩及庶民，德被八方，于纣王受妲己迷惑后，渐失恩宠，后被妲己害死。死后被封为天府星，为才艺之神，司掌才能、慈悲。

04. 西伯侯姬昌（天同星）

天同星，五行属壬水，代表温和、协调、仁义、有爱心。殷商末年，姬昌被封为西伯侯，在岐山下施仁政，诸侯多归顺于他。相传，他宅心仁厚，特别爱孩子，一生共有百子，其中有亲子也有养子，雷震子就是他的第一百子。后其子姬发灭纣，建国号为周，追尊他为周文王，死后受封为天同星，成为温和之神，司掌仁义、协调、爱心。

05. 哪吒（火星）

火星，五行属丙火，代表暴躁、刚烈、破坏。哪吒乃陈塘关李靖之子，行事暴躁，性烈如火，死后其灵被封为火星，司掌暴躁、性烈、破坏。

07. 比干（太阳星）

太阳星，五行属丙火，代表光明、博爱。商纣王的忠臣比干因感于纣王淫乱无度，于是向纣王进谏三日而不离去，后被纣王开膛剖心而死，死后受封为太阳星，成为光明之神，司掌光明、博爱。

08. 黄飞虎（七杀星）

七杀星，五行属庚金，代表肃杀、威猛，有勇有谋。武成王黄飞虎原为纣王手下的一员大将，骁勇善战，因其妻被纣王逼死，含恨投效周武王，后不幸战死，死后受封为七杀星，成为战斗之神，司掌威猛、肃杀。

10. 杨戬（擎羊星）

擎羊星，五行属庚金，代表勇武、刑伤。杨戬乃玉鼎真人之徒，骁勇善战，为姜子牙冲锋陷阵，攻击力强，死后被封为擎羊星，司掌勇武、残忍、刑伤。

12. 武王姬发（武曲星）

武曲星，五行属辛金，代表财富、勇武。殷商末年，纣王无道，姬发率诸侯东征，大败商军于牧野，纣王自焚而死，武王得天下而称帝，在位四年，勤政爱民，使国泰民安，死后受封为武曲星，成为财富之神，司掌财富、勇武。

十二神将人物小传

在我们熟知的《封神演义》小说中，姜子牙并没有被封神。然而他以个人的智慧与非凡的勇力推动了历史的进程，拯救了天下苍生，在百姓的心中，他早已被供奉为智慧之神，辅佐着历代贤明君主。在"帝王学"紫微斗数中，姜子牙同书中的主要人物，一起被尊为天上的星宿。传说，皇宫之中设立"钦天监"（古代观察天象、推算节气、制定历法的官署），专门命人研究紫微斗数，通过推演星宿变化与姜子牙沟通，推测国运吉凶。

下面，便是一位钦天监官员的秘密笔记，详细记录了十二神将以及他们的属性。

01. 姜子牙（天机星）

天机星，五行属乙木，代表智慧、贤德与仁义。周文王的军师姜子牙（姜太公）司掌此星。文王出外打猎时，在渭水碰见姜太公钓鱼，两人相谈甚欢，文王特立他为军师，武王伐纣得天下，姜子牙居功甚伟。姜子牙一生善良、睿智，为推翻纣王的残暴统治做出了重要贡献，死后受封为天机星，成为智慧之神，司掌天下智慧。

02. 梅伯（天梁星）

天梁星，五行属戊土，代表公正、侠义。大夫梅伯因不满纣王宠幸妲己，直言进谏，险些丢掉性命。死后受封为天梁星，成为恒常之神，司掌热心、公正、侠义。

学习思维导图法

周小白封神记

王玉印 杨泽 著

北京大学出版社
PEKING UNIVERSITY PRESS

内 容 提 要

本书以思维导图入门方法、实操应用与中小学生学习方法有机融合为主线，结合《封神演义》的故事情节，为小读者们提供了全方位的思维导图学习方案。

全书共分12个关卡，每一关卡又设置了4个环节，分别为故事导入、解封技能、操作示范和举一反三，手把手教小读者在中小学学习中如何有效运用思维导图学习法。主要内容包括思维导图的作用、思维导图的技法和心法、思维导图输入法、思维导图加工法、思维导图输出法、思维导图复习法、思维导图解题法、思维导图复盘法、思维导图演讲法、思维导图创意法、思维导图分析法。

本书采用穿越式情节设计，闯关式进阶，寓教于乐。紧扣中小学生学习中遇到的主要问题，给予有针对性的解决方法。

本书适合广大中小学生及其家长，中小学教师与思维导图培训师，思维导图爱好者与研究者阅读。

图书在版编目(CIP)数据

思维导图学习法：周小白封神记 / 王玉印，杨泽著. — 北京：北京大学出版社，2021.7
ISBN 978-7-301-32216-1

Ⅰ.①思… Ⅱ.①王… ②杨… Ⅲ.①小学生 – 学习方法 Ⅳ.①G622.46

中国版本图书馆CIP数据核字(2021)第102593号

书　　　名	**思维导图学习法：周小白封神记**
	SIWEI DAOTU XUEXIFA: ZHOU XIAOBAI FENGSHEN JI
著作责任者	王玉印　杨　泽　著
责 任 编 辑	张云静　刘沈君
标 准 书 号	ISBN 978-7-301-32216-1
出 版 发 行	北京大学出版社
地　　　址	北京市海淀区成府路205 号　100871
网　　　址	http://www. pup. cn　　新浪微博:＠北京大学出版社
电 子 信 箱	pup7＠pup. cn
电　　　话	邮购部 010-62752015　发行部 010-62750672　编辑部 010-62570390
印 刷 者	北京宏伟双华印刷有限公司
经 销 者	新华书店
	889毫米×1194毫米　24开本　8.5印张　242千字
	2021年7月第1版　2021年7月第1次印刷
印　　　数	1-6000册
定　　　价	58.00元

序章

　　1928 年，蔡元培、傅斯年等人筹建了中央研究院的第一个研究所，史称"天下第一所"的历史语言研究所（简称史语所）。史语所成立后的第一个大计划就是发掘河南安阳小屯殷墟，在开采过程中，除了出土大量的甲骨、青铜器外，还有一件鲜为人知的宝物——四象十二星次青铜镜。

　　这面青铜镜上的四象图，与陕西西安汉长安城遗址出土的四神瓦当略有差异。专家认为，青铜镜上的四神兽才是最接近上古形象的四神兽。令人惊讶的是，铜镜上原本应有十二颗神石，当时只剩下七颗，这七颗彩色神石历经千年依然通体发光，十分神奇。四周的四神兽与十二星次竟然可以转动，整体构成一个十分周密的机关。可这青铜镜有何作用，如何破解其机关，却成了困扰专家们的难题。

　　在文物被运往南京国民政府的途中，这件青铜镜神秘失踪，连同青铜镜一起消失的还有它的看管人——文物鉴定专家周子昂。令人费解的是，同行专家无一人看到周子昂离开队伍，他仿佛人间蒸发一般。因此，这便成为中国考古史上的未解之谜。

　　2028 年，好奇小子周小白刚刚参加完期末考试，和几个好朋友相约参加考古夏令营。小白本来对考古并不感兴趣，但是因为五年级 3 班班长闻静报了名，所以小白这次特别积极。闻静是五小的校花，是一个品学兼优的智慧少女，同时也是小白的"偶像"。闻静参加的活动，小白都会参加，但是由于胆小和不自信，小白只是在远处静静地观察她，从不敢主动和闻静说话。

　　让周小白没想到的是，这次活动三多和"猴子"也报了名。三多大名叫潘大海，他爸爸潘万林是当地著名的企业家，每年都会给学校捐不少钱，助力学校发展。潘万林给儿子

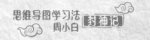

起了"三多"这个小名，寓意"多福、多寿、多禄"，可是三多仗着爸爸的财力，经常在学校欺负同学，顶撞老师，同学们背地里都说"三多"是"多嘴、多手、多腿"——多嘴，经常骂人，说人坏话；多手，经常打人，骚扰女同学；多腿，经常绊倒同学，以此为乐。大家对三多是敢怒不敢言，往往"敬而远之"。

只有"猴子军师"和三多形影不离。"猴子"名叫陈凯，虽然瘦瘦小小的，经常被人欺负，但头脑聪明，有很多鬼点子。猴子开始也不怎么喜欢三多，但是后来想想，与其被很多人欺负，还不如被三多一个人欺负，况且三多有时还会关心一下"猴子"，让"猴子"心里暖暖的。后来三多就把"猴子""收编"了，让他作自己的"军师"。

周小白知道，三多和"猴子"报名参加考古夏令营，那是醉翁之意不在酒，而在闻静！想到自己的"偶像"可能会在路上被三多欺负，小白毅然决然地报了名。

就这样，周小白、闻静、三多和"猴子"四个人踏上了考古之旅。一段惊心动魄的冒险之旅正等待着他们。

在河南安阳小屯殷墟遗址，小白一行四人碰巧看到青铜镜重见天日。小白对于中国传统文化一窍不通，并没有对这个文物产生多大兴趣。但细心的闻静却发现，这个铜镜与考古资料中丢失的四象十二星次青铜镜惊人地相似，但似乎又少了六颗神石，现在只剩下了唯一的一颗彩色神石。正在闻静仔细研究铜镜时，三多从背后窜了出来，一把夺过铜镜，想引起闻静的注意。

就在这时，铜镜反射的月光恰好照射在了闻静身上，闻静竟然突然消失了。三多看到眼前的一幕后，四处寻找，都没有找到闻静的踪影，便知自己闯了大祸。三多要弄清楚闻静失踪的秘密，便找来"猴子"。两个人研究了半天，在月光下，把自己也成功地变"没"了。这一幕让周小白看在眼里，小白知道这个铜镜是让3个同学消失的真正原因。于是，他鼓起勇气，再次启动铜镜。一道白光闪现并穿过他的身体，待他再次醒来，已经到了一个自己从来没有去过的神秘之地。

注：本故事纯属虚构。

目录

第三章　　　　　　　　　恶毒妲己 陷害皇后

思维导图心法

第四章　　　　　　　　　囚禁西伯 推演周易

思维导图输入法

第七章　　　　　　　　鹿台遗恨 系统管理

思维导图复习法

第八章　　　　　　　　秘籍在手 连破三关

思维导图解题法

第九章

征战西岐 反恶复盘

思维导图复盘法

第十章

巧搬救兵 杨戬除怪

思维导图演讲法

第一章

子牙封神 天降奇兵
思维导图的作用

神 将 姜子牙（天机星）

道 具 铜镜（能量收集）
北冥神玉（能量丧失）
封神册（线索集）

事件

姜子牙封将；授命周小白寻回十二颗神石；用法术令周小白等人穿越至妲己进宫时。

话说，周小白一行四人被铜镜一照，竟然意外地启动了时空之门，回到了殷商纣王三十年三月十五日。姜子牙正在金台，那四象十二星次铜镜正是封神法器之一。此次封神，姜子牙有一大遗憾，就是封神榜中没有自己的位置。如此战功赫赫，辅佐武王夺取天下的功臣竟然没有神位，连他那做尽坏事的师弟申公豹都被封为东海分水将军。这也成为封神故事中最大的谜团。

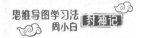

其实，姜子牙本有神位，只是在封神之前，他做了一件为天庭不容的事情。原来，妲己因为替女娲做事，女娲早已承诺，在殷商灭亡之后，让妲己位列仙班，做天上的贪狼星。女娲为上古正神，在仙界有很高的地位，虽然诸神对这一决定颇有微词，但谁也不敢站出来得罪女娲。姜子牙知道，一旦妲己成为贪狼星，将获得更大的力量，一定会卷土重来，涂炭生灵。为了拯救苍生，姜子牙在封神之前，私自改写了封神榜，取消了妲己的神位。

女娲得知后，大发雷霆。但念姜子牙辅佐武王有功，并未对其做大的惩罚，仅令元始天尊取消了姜子牙的神位。元始天尊在封神台上敬了姜子牙三杯酒，名为敬酒，实为警示，是让他明白自己的责任：一要辅佐君王，保天下太平；二要派人回到过去，阻止妲己作恶。元始天尊赐四象十二星次铜镜给姜子牙，此法宝可开启时空之门，调派未来的神兵来助姜子牙完成大业。

姜子牙用奇门遁甲之术算得吉时，借助铜镜的力量，开启了时空之门。四个来自未来的神兵即将降临，来助他一臂之力。可是，姜子牙第一次使用这件法宝，并不熟练，机关启动的时间没有设定好，比预期的时间整整早了100年，当时穿越来一个年轻人。

姜子牙看到年轻人手中的四象十二星次铜镜只剩下七颗神石，大呼不妙。原来，这件法宝的法力全靠十二颗神石，神石的能量用尽，这件法宝也就没有作用了。姜子牙掐指一算，得知这次来的年轻人不是别人，正是神兵的老太爷，是一个古文物专家，便知道该如何安排了。姜子牙将来人安排妥当后，再次启动铜镜，这次穿越来的便是周小白一行四人。

待姜子牙回到府中，看到小白被人当作奸细绑了起来，便命人赶紧松绑。小白没有想到，自己竟然来到了3000多年前的古代，更没有想到的是，在丞相府里，他竟然见到了失踪的闻静、三多和"猴子"。姜子牙向小白解释了事情的来龙去脉，并拜托小白等人助他完成大业，拯救苍生。同时，姜子牙还和小白提及了周子昂神秘失踪的事，并承诺事成之后，送他们一起回到未来，并封他做天上的天魁星。天魁星是主管学习、考试的星宿，做了天魁星就等于成了学霸中的学霸。

小白怎么也想不到，自己一个五年级的小学生就这样糊里糊涂地便有机会做天魁星，还莫名其妙地承担起了斩妖除魔的重任。他甚至都不相信，眼前这个怪老头儿竟然是封神故事中那个呼风唤雨的姜子牙。不对，不对，小白越想越觉得不对，自己手无缚鸡之力，又根本不会法术，怎么斩妖，怎么除魔？姜子牙肯定是在和他开玩笑。

姜子牙似乎看穿了小白的心思，从怀中拿出两件法宝——北冥神玉和封神册。北冥神玉是小白的护身符，可以在小白遇到危难之时为小白出谋划策；封神册详细记载了每一位神将的特点及命运，是小白斩妖除魔的线索集。姜子牙注意到，小白手中的四象十二星次铜镜只剩下一颗神石，便告诉小白，封神册上记载了十二位神将的详细资料，每一位神将手中都有一颗神石，小白需要集齐剩下的十一颗神石，方能再次启动神镜，开启时空之门。只有这样他们才能回到未来。

姜丞相将法宝赐予小白，并告诉了他那个神秘人的名字——周子昂。小白听后大为震惊，他早就听爷爷讲过老太爷的事，老太爷的失踪一直是中国考古史上的未解之谜。小白一直坚信老太爷不是坏人，更不会盗取国家宝藏。现在，听姜丞相讲了这番话，他便暗自下决心，一定要找到老太爷，并为他洗刷冤屈。

可是，小白如何才能斩妖除魔、拯救天下呢？原来，姜丞相早有安排。他将周小白封为北斗部天魁星侦缉特使，并施法将小白四人送到了妲己进宫之时。

思维导图基础

　　小白怀着忐忑的心情从姜丞相手中接过两件法宝。在接过的那一刹那，小白呆住了。北冥神玉！！！怎么会？怎么会？怎么会是神玉！小白双手捧起神玉，是它，是这个样子，他鼻子一酸，眼眶中忍不住涌上热泪。

　　周小白不禁回想起在无尘山闯关的那段奇遇。那时他是个不爱学习、害怕考试、阅读成绩一塌糊涂的孩子，被爸爸责骂后离家出走，无意中穿越到了无尘山，历经十二道难关，和十二只神兽一起解开了无数阅读难题才得以回家。那时，若不是北冥神玉陪着他，帮助他，保护他，教导他，恐怕他连第一关都过不去，说不定现在还在那里和大鼹鼠大眼瞪小眼呢！

　　从无尘山回来后，小白的阅读成绩飞速提升，几乎每次考试都是第一名，可遗憾的是，回家之后北冥神玉就不见了！小白无数次梦见它，那柔和的荧光、温润的触感，一声声温和的"主人"（详见《给孩子的思维导图课——受益一生的阅读力训练》）。

　　此刻，小白有些颤抖地抚摸着神玉，又发现一些不同：神玉怎会如此暗淡？想当年闯无尘山十二神兽阵时，神玉触感温润，灵气逼人，而手中之玉却暗淡得如一块普通的石头。他急忙翻转神玉，背面的十二晶石依然在，却丝毫不见灵气！一时间，眼泪不禁扑簌簌地往下流。

　　姜子牙看出小白神色异常，不由问道："莫非，你竟识得此玉？"

　　小白遂将无尘山的遭遇与姜丞相和盘托出，丞相听了啧啧称奇，抚掌大笑，脸上竟又生出一丝神往，道："小白，自当该是你来到此处，原来你我早有机缘。无尘山的白衣老者就是本相师尊呀！北冥神玉是师尊之宝，他说只有有缘人才能启动它，看来你就是那有缘之人。你且将神玉挂在颈项，以你之灵养护于它。"

小白小心翼翼地将神玉挂在脖子上。说来也奇，神玉贴上小白心口肌肤那一刹那，周身竟隐隐有一丝灵气环绕。小白稍稍安心些，心想："你终于又回来了，我必让你恢复如初！"

决心定罢，再来看封神册封面，小白发现封面上的花纹似曾相识。这难道是……？！小白不敢断定，于是便问丞相："姜丞相，这是什么？"姜子牙看了看小白，说："这就是思维导图！"

三多这时忽然大叫起来："思维导图？就是北冥神玉之前教过小白的思维导图？后来我们班主任'大老杨'也每天让我们画思维导图。小白还一直怀疑'大老杨'也见过神玉。老姜，你说，这次穿越之旅，会不会也有'大老杨'一份？"

"'大老杨'我倒是不识，但宇宙万物的运转充满奇妙之处，这次的任务中发生任何事都是有可能的。你们此行身负重任，黎民百姓的命运就掌握在你们的手中，你们必得万分小心，这傍身技能必得精进再精进才是。虽说你们对思维导图有所了解，但我还是得再次叮嘱一番才行。这样吧，小白，你跟本相说说，你对思维导图的认识吧。"

姜丞相宽袖一挥，小白一行四人就进入一片虚无。这虚无中有三面淡黄色的荧光墙，每一面墙上写着一道题目，分别是思维导图的意义、思维导图的用途和思维导图应用误区。

只听姜子牙的声音在耳旁响起："试着答出这几道题目，你们就会自动从幻境中出来。"

这突如其来的测试，让三多、闻静和"猴子"有些惊慌。小白倒是坦然，

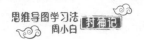
安慰道："无碍，小意思。解出题目自然就脱困了。关于思维导图的意义，在无尘山时，北冥神玉没有明确说起，后来在学习中应用时，'大老杨'倒是提了几次，我还真整理过一次。"说着，小白用手指在荧光墙上刷刷地画了起来，边画还边念叨。

思维导图的意义

思维导图是一种高效能的思考工具，**它主要包括三个"化"**：

要运用的**信息内容重点化**，也就是思考问题要**抓住关键点**；

要思考的**内容关系结构化**，也就是整理思路要**做到有层次**；

要表达的**思维要点视觉化**，也就是表达思维要**有画面感**。

用这三个要点来呈现思考的过程和结果，能提升我们的学习力、思考力、想象力和记忆力，最终使我们学习知识的过程变得更轻松、更有趣、更灵活。

话音落时，一幅简单的思维导图就在荧光墙上呈现出来了。

思路：王玉印　手绘：杜海霞

"姜丞相,不知我所想是否正确?"小白问道。

"不错不错。"姜子牙的声音听起来似乎对小白的回答十分满意,"不过你要记住,你所说的仅仅是思维导图对于学习的意义。实际上,它在解决问题甚至是治理国家方面亦十分有用,这些等你们用到时自会领悟,此番不说也罢。此题……通过了。"

话音刚落,其中一面荧光墙便消失了,而小白似乎觉得北冥神玉中心有一道荧光闪了闪,仔细看去却又什么都没看到。

疑惑间,"猴子"大声叫道:"小白,我们赶紧进行下一题!"其他三人都搓搓手掌,很是有些兴奋的样子。

思维导图的作用

"在无尘山时,神玉教我用思维导图背书,这一招用在学习中那是相当好用。所以背书这个作用是绝对没错的。还有什么呢?"小白念叨道。

"诶,我想到一条!"三多喊了起来,"'大老杨'不是还教我们在看课外书的时候用思维导图整理要点,整理后,我们不还在全班举行思维导图读书会了嘛!"

"对对对,'大老杨'在上课的时候还带我们用思维导图做听课笔记着!"闻静也补充道,"还有,'大老杨'上次在作文课上,还带我们用思维导图思考素材和文章结构了呢!"

"对了,这些都写上去!"

思路:王玉印 手绘:范万勇

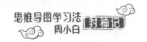
姜丞相沉吟了一会儿，道："你们虽然写出了比较核心的几大作用，但实际上此法宝用途无穷无尽。你们这次完成使命的过程中艰难险阻众多，你们需要共同激发出思维导图的最大用途，才能顺利完成使命，希望你们同心协力！此题……也算你们通过了。"

说话间，一面荧光墙又消失了。这次小白确信自己没有眼花，荧光墙消失的同时，神玉中心确实有一道白光闪过，神玉也亮了一点点。

思维导图应用误区

"误区？这个简单！"四个人异口同声地说道。

（一）光看外表

"是的，'大老杨'说过，许多人学习思维导图非常表面，以为思维导图只要画得好看即可，因此只运用各种绘画技巧，有些人甚至把大把的时间用在绘图上，把中心图、插图画得非常精美，可是内容却没有逻辑。这是第一大误区！"三多说。

"是的，不能光看外表，要看内涵！""猴子"补充了一句。

（二）光用软件

"对，还有的同学用软件画导图，效率是很高，可是不注重导图内在逻辑关系和内容的重要性也是要不得的。内容和逻辑是最重要的，因为他们能真正对我们有所帮助。"小白也提出了自己的想法。

（三）光看不练

这时闻静提出了一个非常重要的观点："你们回想一下，我们班上是不是有很多这样的同学——'大老杨'教我们画思维导图的时候大家都觉得挺好用的，可是用着用着很多同学就因嫌麻烦而不用了，还嫌弃不好用！"

"其实这是光看不练的结果！"小白这时倒是成熟了许多，"思维导图这个工具非常好用，这是毋庸置疑的，'大老杨'教得也很好，可为什么咱们班上有些人用得好，有些人用得不好。其实，在应用这个工具的过程中，我们需要用心思考如何分类更清晰、用什么词概括更精准，这都需要一种专研的精神。思维导图这个工具，并不是学会了就能用好的，它本质上就是一种技能，需要不断训练。训练的过程中会有各种困难，若中途放弃了，也就感受不到它的好处了。"众人听了连连点头称是。

此时，最后一面荧光墙也消失了，幻境破灭，小白一行四人又回到之前的房间。只见姜子牙抚掌大笑："你们说的是，思维导图虽是法宝，却是随着拥有者的不同发挥的用处也不同。在有些人手上能发挥无穷威力，在有些人手中却毫无用处。这取决于拥有者本身的决心和勤修程度。你们懂得就好，其实成就任何事业都是如此，望此番你们能坚定信心，勇克难关，夺取胜利！"

姜丞相说着面色一凛，道："周小白，本相封你为北斗部天魁星侦缉特使。潘三多，本相封你为北斗部天蓬星左使护卫。陈凯，本相封你为北斗部玄武星右使护卫。命你二人辅佐周小白完成本次的任命。至于闻静，本相却不知该封何职位给你。"说着，姜丞相望向小白，似乎在征询他的意见。

小白心想：哎呀，你看我干什么呀！快封，要是不知道封什么，就封给本特使做女朋友不就行了。可小白转念一想，现在自己身上责任重大，要是不能完成任务，不仅无法找到老太爷，更是陷天下黎民于水深火热之中。自己到底在想什么乱七八糟的呢！于是，小白学着电视剧里古人的样子说："丞相大人，依我之见，闻静冰雪聪明、智慧过人，不如封她为'侦缉顾问'，可否？"

姜子牙听罢，点点头道："甚好，甚好，本相就封闻静为北斗部天辅星侦缉顾问，在除魔路上祝小白特使一臂之力。"

思维导图的学科应用

话到这里，姜子牙又叹了口气，道："此番实属危机重重，本相还是想再试试尔等功力，若是相差甚远，只怕即便有法宝相助，也是……罢了，把你们以往做过的思维导图拿出来本相一观便知！"

"丞相，您在开玩笑吧，谁穿个越还带思维导图来？这个我们可没有！"小白对姜丞相三番五次的测试心有不满。

"这倒无妨，只要你们心中回想，念头一起，本相自然便能看到。"

"这……行吧。"说罢四人分别开始回想自己做过的思维导图。

一 科学思维导图

小白想起的是一张科学思维导图。他上三四年级的时候，科学成绩一直不佳，只能考七八十分，直到五年级下半学期，他开始用思维导图复习科学知识，现在科学成绩基本保持在95分左右了。下面这张《沉与浮》是他印象最为深刻的科学思维导图。

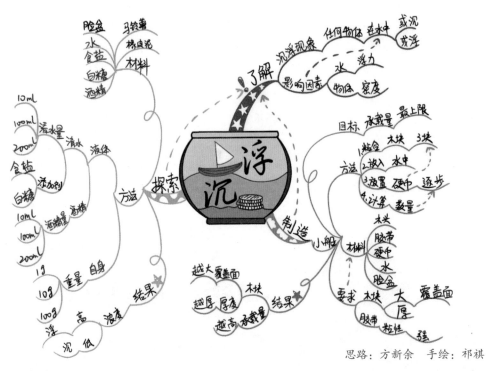

思路：方新余 手绘：祁祺

于是他一边回想一边说道："此图中讲解了沉浮现象和影响因素，是从了解、制造和探索三个方面来归纳的。

"首先，了解了沉浮现象，也就是物体在水中或沉或浮，是由水的浮力和物体本身的密度决定的。

"其次，通过小船实验了解了浮力的作用：浮力可以使承载了许多物品的小船浮于水面。通过思维导图的梳理，我不仅掌握了实验的步骤，记住了实验的所需材料和实验要求，最主要的是我了解了木块的覆盖面越大、厚度越厚，承载量越高。

"最后，我通过改变液体的质量和物体的重量来进一步探索沉浮变化。例如，在液体中加入食盐、白糖，或者将液体替换为酒精等，这让我知道了，液体浓度越高，水的浮力越大。

"原本我一直捋不清其中的关系，当我用思维导图梳理之后，相互之间的关系就一目了然了。从此以后，我发觉学习科学并不是那么困难。只要我用心学习，就能掌握、能拿高分。"

"嗯！不错，担得起北斗部天魁星侦缉特使！"姜子牙哈哈大笑，目光转向潘三多。

（二）数学思维导图

"我嘛，我对数学很感兴趣，前些天我倒是用思维导图把六年级的数学预习了一下，老姜你将就着看看？"这三多虽然"多嘴、多手、多腿"，但数学成绩还真的是拔尖。听他这么一说，小白倒也是暗自放心了不少。

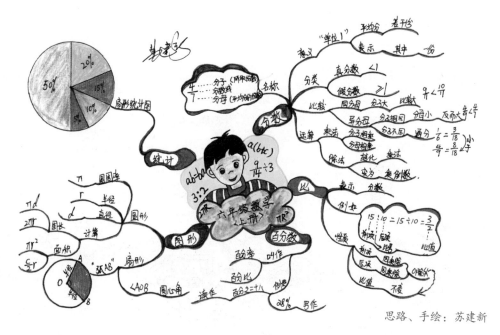

思路、手绘：苏建新

"六年级数学上册主要讲解了**分数、比、百分数、图形和统计**等几方面的内容。

"'分数'这部分主要介绍了各名称的意思，以及分数的意义、分类，还有如何比较大小与乘除运算。

"'比'如何在这一基础上表示分数，以及最重要的比的性质。我在绘制时特意进行了举例说明。

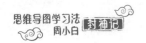
　　"百分数也被人经常称为'百分率''百分比'，至于怎么读、怎么写，我在思维导图中做了详细的说明。

　　"第四模块是有关图形的学习，我从圆形和扇形两个方面进行了学习和梳理。圆形方面，我认识了半径、直径及圆周率等，并且通过这些概念和知识学习了如何计算圆形的面积和周长。我现在对这些公式的运用已经很熟练了。另外就是扇形，我了解了什么是弧和圆心角，并且通过圆心角读数也能运用公式计算扇形的面积。

　　"最后是统计图的绘制，我认为是基于对扇形的学习来判断这个扇形在整个圆中所占的比，而这个圆实际上就是我们之前说的单位 1 啦！

　　"怎么样，我用一张思维导图就把六年级数学上册的知识清晰地绘制出来了，而且把每个知识点都联系起来了，厉害吧！"

　　"厉害，厉害！"姜子牙对三多投来赞赏的目光。

三 英语思维导图

　　"猴子"挠挠头说："那我就来一张英语思维导图吧。我英语成绩不太好，'大老杨'曾经让我用思维导图整理英语分级读物，以提升我的英语阅读能力。"

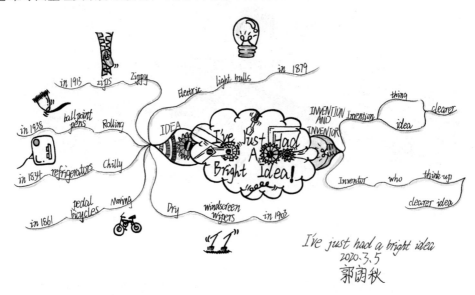

　　"这幅导图是我在假期阅读完 *I've Just Had A Bright Idea* 后画的一张整理导图。我主要分了

两个部分来绘制：第一个部分是"INVENTION AND INVENTOR"，介绍了发明和发明家；第二个部分是IDEA，介绍了一些奇妙的点子。

"首先，发明和发明家部分，我把它们分开介绍了。发明，是一个聪明的点子或想法；发明家，是创造或想出了一个聪明的点子的人。IDEA这部分，我把它按照用途的不同来分类，分为照明、加速、滚动、制冷、移动和干燥几个部分，介绍了对应的发明时间和具体的发明。

"这幅导图是我的一次新尝试——首先从英语分级读物中提取对我来说重要的信息，然后进行分类整理，最后绘制导图。这不仅能锻炼我将一本书里的知识提取出来的能力，还能让我较为快速地记住书中的主要内容，让英语阅读成为一件令我快乐的事情。"

"嗯……虽然我看不懂这些奇奇怪怪的文字，但听你这样一说，思路倒也是清晰的。不错不错！"姜子牙抚了抚胡子，点点头道，随即把目光转向了闻静。

（四）语文思维导图

"姜丞相，我平时听课就是用思维导图记笔记的，这里有一张老师讲解课文《田忌赛马》的时候我记录的听课笔记，呈您雅观。"闻静说得特别谦虚。

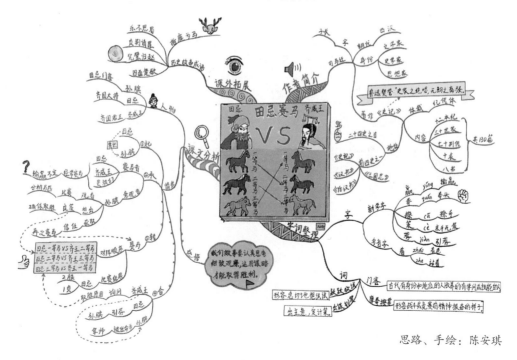

思路、手绘：陈安琪

13

她边回想边说道："基本上老师讲解课文的时候，都有这样几个方面的要点，分别是作者简介、字词整理、课文分析和课外拓展。

"我的思维导图也是从这几个方面来记录的。

"作者简介方面，我是从作者的出生年代、作者的字或别名，还有作者的一些作品等方面来归纳的。

"在重点字词方面，我是从字和词两方面来归纳的。字又分新学字和多音字，这些都是我们需要重点掌握的内容。词的方面主要是一些新学词语的书写和解释。词语的积累有助于我们以后做阅读理解解释词语时和写作时运用好词好句。

"在课文分析方面，我是从课文的人物、情节和感悟三方面入手的。先熟悉人物，再解读情节就会轻松自如。最后写出自己的感悟，这其实也是文章传达给读者的主要思想。

"在课外拓展方面，我主要是从相关的成语、古诗词入手的，日积月累就会学到更多的诗词和成语，也有助于我以后的写作及古文方面的阅读。"

这四门学科的四幅思维导图，把姜子牙看得眉开眼笑，说："太好了太好了，我果然没有看错人，你们四位一定能担当本次大任，有你们出马，定能解救天下苍生！"

接下来，姜子牙向小白他们仔细讲解了两件法宝的用途，并叮嘱了一番。

请大家思考一下，思维导图除了用在学科复习和预习方面外，还可以用在哪些方面呢？你在学习中感觉哪些方面是有困难的呢？带着这样的思考，进入后续的阅读，你会有更大的收获哦！

第二章

妲己进宫 炮烙忠臣
思维导图技法

| 神 将 | 梅伯（天梁星） |
| 道 具 | 一星神石（绿） |

事件

　　梅伯直言敢谏，小白高超技法救梅伯，却阴错阳差被纣王封官。

　　姜子牙为小白详细讲解了两件法宝的用途后，便施法将小白等人送回到了妲己进宫之时。妲己正得纣王宠爱，享受着酒池肉林的奢侈生活。忠臣梅伯劝谏纣王，被纣王降罪处死。妲己正在设计炮烙酷刑，打算用酷刑处死梅伯。妲己不仅心狠手辣，而且十分自信，觉得天下没人比自己更懂得美。面对群臣为梅伯求情，妲己昭告天下，如果有人可以设计出比炮烙上的花纹更美丽的线条，她就放过梅伯。小白揭榜，运用思维导图技法画出了美丽的花纹，救下了梅伯。

思维导图绘制方法

"何人如此大胆，竟敢揭下皇榜？！"妲己得知有人揭榜，命人把揭榜的人带上来。

众卫士架着小白等人来到大殿之上。妲己上下打量着这四个孩子，只觉得他们穿着怪异，不像是朝歌人："几个毛孩子，你们是从哪儿来的？知道你们揭的是什么吗？"

"皇榜！你不是要找设计师设计花纹吗？看，这就是我们小白设计师。"三多边说边指向小白。"射箭狮？来人，给我拿下这些妖怪！"妲己不知道设计师是什么，听成了"射箭狮"。一声令下，只看卫士们三步并作两步，将四人一并擒住。

"等等，等一下，三多，你快别说了，他们听不懂我们的语言。""猴子"赶忙说道，"娘娘且慢，我们是来为您进献世界上最美丽的花纹的。"

"最美丽的花纹？难道不是我设计的炮烙花纹吗？这世界上还有比我设计的更好看的花纹？那我倒要看看了。如果你们真的有这等花纹，本宫重重有赏；如果只是说大话，我就把你们一起炮烙了。"

"娘娘放心，我等定会让您满意！"小白不慌不忙地从背包中拿出一个卷轴，双手托起，说道："请娘娘观赏！"

"哈哈哈，小小年纪竟然如此大言不惭！"妲己见这四个小毛头一本正经的样子，笑个不停。

　　说话间，侍从取过卷轴，并在妲己面前缓缓展开。只见笑得花枝乱颤的妲己忽然停止了动作，好像是被定住了一般，脸上的笑容逐渐消失。

　　三多一看，忙扯小白等人的袖子，悄声说："惨了惨了，这老妖婆似乎要发怒了，我们赶快跑吧！"

　　只见小白上前一步，朗声道："娘娘，您看这花纹可还令您满意？"

　　妲己好像没听到小白的声音一般，仍直直地盯着卷轴。身边的侍女悄悄拉了拉她的衣袖，她才如梦初醒，终于把目光从卷轴移到小白身上，颤声问道："你，你是从何处得到此卷轴的，你怎会有如此美妙的花纹？"

　　小白道："这本是我自己设计绘制的。那日我见院中秋叶纷纷，感叹世间春华秋实，周而复始，遂成此作，以记录这世间最美妙的植物的一生。近日听说娘娘在寻求最美丽的花纹，想起此物，正好以最美丽的东西献给最美丽的娘娘。"

　　不知是小白这几句奉承之言让妲己大为受用还是其他什么原因，妲己露出了一丝欣慰之色，倒像是寻到了久违之物。随后竟挥挥手打发了所有侍从，并招小白上前，道："你可知本宫已寻求此物许多年了，多年前本宫曾在梦中得一老神仙点化，老神仙曾向本宫展示过这样一幅画卷，并说此物不仅美丽绝伦，而且奇妙无比，能洞悉和记录宇宙万物之奥秘。多年来，本宫一直企盼能复原梦中之物，奈何梦中记忆有限，这许多年竟未能复原其万一。今日遇到你真是缘分，不知小兄弟可否将此卷轴之秘法传授一二，以圆本宫多年凤愿？"

　　"娘娘喜欢，是我等最开心之事，这卷轴本就是献给娘娘的。只是这秘法原是我四人师尊所教，本不应该外传于人……"小白故作沉吟。

　　妲己神色有些着急，道："只要你等愿意传授，本宫愿意答应你们一个条件。只要本宫能做到，必不负此诺！若你等执意不从，哼哼！"随后，她脸色一变，道："炮烙之刑正好拿你们四人'开刀'！"

　　小白心下虽然有些胆怯，但面上却丝毫不露："娘娘莫急，虽说本不该传于外人，但既然是娘娘要学习，师尊也必能体谅。我等这就将秘法告知娘娘。至于条件，倒也没什么所求，只是我等既然揭榜，就不希望被别人笑话，娘娘此番已承认此花纹是世上最美丽之花纹，那么梅伯……"

　　"哈哈哈，这点小事，放放放，本宫马上命人放了梅伯！"妲己心虽狠毒，奈何在追求美丽的道路上孜孜不倦，竟立马爽快地放了梅伯。

　　"娘娘真是言出必行，爽快之人！我等这就将此卷轴绘制之秘法写下献给娘娘！"

　　小白奋笔疾书，三多仔细磨墨，"猴子"跑前跑后给几位伙伴扇扇子，闻静在一张洁白的卷轴上挥毫。大约两炷香的工夫后，四位小伙伴长吁一口气，停下了动作，将卷轴交给了妲己。

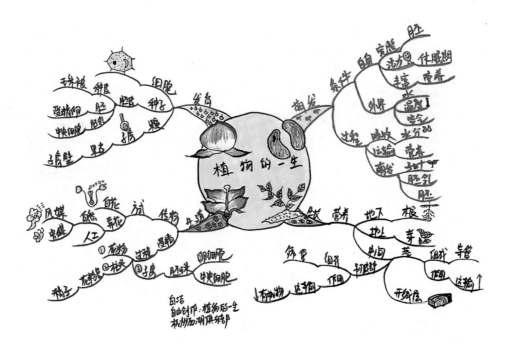

卷轴绘制秘法

此卷轴名为思维导图，乃上古秘法。不仅花纹美妙动人，其妙用更是无穷，天文地理莫不能解。

思维导图的绘制包括**色彩、图像、线条、文字**四大元素。

元素一：色彩

 色彩的作用

1. 区分类别

色彩在人类历史中扮演着重要的角色，有区分类别之作用。如朝臣之朝服，不同色彩代表着不同品阶。而后宫中唯有皇后娘娘可穿正黄色衣服，嫔妃可穿色彩绚丽之服，宫女只能穿着素色衣物。一眼观之即能区分等级。

2. 表达情感

遇喜事之时，人们喜爱用红色表达开心、快乐的心情，表示吉祥之意。而遇到祭祖等事时，人们则每每用白色，表示哀伤之意。可见，不同色彩可以表示不同的情感诉求。五颜六色的色彩给我们这个世界增添了美丽和生机。

3. 促进联想

色彩除了有以上作用外，还能让人由相应的色彩联想到相应的事物。比如，绿色令人想到生机勃勃的春天；火红的太阳让人想到炙热的夏天；遍地金黄的落叶又让人想到硕果累累的秋天；银装素裹必然令人想到寒冷的冬天。

色彩的意义

基于上述作用，色彩能在不知不觉中帮助我们开发大脑，增强大脑的理解力和记忆力。因此它会被选中，成为思维导图最重要也最特别的元素。它最特别的地方在于，其他三个元素——图像、线条、文字——都需要运用到色彩。

元素二：图像

(一) 图像的作用

为什么思维导图中会有图像呢？有些人说，因为图像美，其实并非如此。美只是思维导图的附加效果，图像之所以会出现在思维导图中，是因为它能促进大脑思考、记忆、理解和发散。

比如，看到清冷的月亮，人们可能会产生乡愁，会思念家乡；

看到菊花，人们会想起高洁的品格；

看到杨梅，自然而然嘴巴就酸了。

几个简单的词句就可以描述一幅生动的画面，让人或伤感不已，或悲愤莫名，或心生向往。如马致远的《天净沙·秋思》：

天净沙·秋思

枯藤老树昏鸦，小桥流水人家，古道西风瘦马。

夕阳西下，断肠人在天涯。

背诵的时候如果完全是背词句，那么可能需要读好多遍才能背下来。

但若是一看到句子，脑海中就想象出相应的画面，那生动的图像，能让人更直观地体会到词人所要表达的意境，能深刻体会到词所传达出的伤感的情绪。又由于这些直观的图像及深刻的情感体验，人的理解和记忆一下子就会加深，不需要读太多遍就能记住了。

手绘：颜春丽

再如，做数学题的时候，老师经常教大家画图，因为图像可以非常直观地帮助大家理解信息。

例：甲、乙二人分别从A、B两地同时出发，如果二人同向而行，甲26分钟赶上乙；如果二人相向而行，6分钟可相遇。又已知乙每分钟行50米，求A、B两地之间的距离。

像这样的数学题，如果不画线段图，可能很难一下子理清楚。但如果绘制一张线段图，那么思路就非常清晰了。

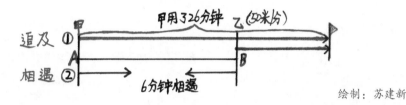

绘制：苏建新

综上所述，图像的作用就是调动我们的情感，增强我们的理解力和记忆力，所以在思维导图中运用它们，可以帮助我们进一步理解和记忆相关知识。

（二）转换的方法

将文字转换成图像来完成配图，最常用的方法有三种：直接联想、情境联想和谐音联想。

1. 直接联想

对于那些本身就很形象、很好转化的词语，可以直接通过文字的意思联想到相应的事物。比如，读到"枯藤老树昏鸦"时，直接绘制出形象就可以了。

2. 情境联想

还有一些词语比较抽象，就可以联想相关的场景。比如，提到"母爱"，可能会想到慈祥的妈妈那温柔的目光，想到妈妈头上的白发，想到年轻的妈妈在哺乳幼儿，等等；提到优秀，可能会想到大拇指，想到班级中某位优秀的同学，想到100分，等等。

3. 谐音联想

如果利用情境联想也想象不出，那么还可以尝试运用谐音来进行联想。许多歇后语中经常

会用到谐音。比如：

外甥打灯笼——照旧（舅）

孔夫子搬家——净是输（书）

"照旧"可能很难绘制出图像来，但是通过谐音成"照舅"，就很容易了，想想用一盏灯的灯光照着舅舅来表示"照旧"这个词就觉得好笑。而且很有意思的是，大脑很喜欢这些有趣的、幽默的事物。

但需要注意一点，谐音不可以经常使用，用多了之后很容易混淆。若是回想不起来本来的意思，而只记住了谐音的意思，就得不偿失了！

三 图像的要求

了解了图像的作用和转换方法后，来看看在思维导图中应用图像有什么要求吧。思维导图中有两种图像类型，其一为中心图，其二为插图，它们的要求各不相同。

1. 中心图的要求

中心图的大小占一张纸的1/9，要具有三种以上的颜色，图像要与中心主题贴合。

2. 插图的要求

位置：必须在线条上面，紧邻文字。

大小：大小合适，不可太大，亦不可小到看不清楚，要看上去和谐、舒服。

色彩：最好区别于文字，要让人一眼就注意到它。

数量：由于插图是用来标记重点和难点的，因此数量上没有要求，根据所绘思维导图中需要标记的重点、难点来就可以。

元素三：线条

一 线条的作用

思维导图中的线条是用来构建导图的逻辑结构的，它搭建起了逻辑框架，并且承载着文字和图像等内容信息。

（二）线条的要求

从整体上来看，结构连接要紧密，不能从中间断开。线条的色彩要做到同支同色和临支异色。同支同色指的是，同一个分支下面，不管是主干和枝干都要做到颜色统一。

比如，在献给娘娘的思维导图中，"萌发"这根主干和"条件"等枝干的色彩是一致的，生长部分、生殖部分和发育部分亦是如此。

临支异色指的是，临近的分支色彩要有所区分，这样才能快速区分信息类别。

比如，上面这幅思维导图中，萌发和生长相临近，一个橙色一个绿色，不管分支内容的多少，都能一下子分辨出哪些是属于萌发这一大类，哪些是属于生长这一大类。

从主干和枝干来说，主干要求形状如同牛角一般从粗到细，枝干要求是细细的、柔和的线条。

元素四：文字

（一）文字的作用

文字自然是用来表述信息的，人们会通过线条上的文字来精准地了解和记忆信息内容。

（二）文字的要求

从**书写方向**上来说，文字都是从左往右写的，这样比较符合我们的书写和阅读习惯。

从**空间顺序**上来说，主干和文字的顺序都是从中心图右上角开始顺时针写的。枝干一般是从上往下书写的，不管是左边还是右边。如果有严格的顺序，则可以标注1、2、3等数字。

从**文字色彩**上来说，有两种选择，要么全部和线条的颜色一致，要么全部写成黑色。

从**字迹上来**说，肯定要做到工整清晰，就好像写作文一样，若字迹不清楚，认不出字，哪怕逻辑结构再好、内容再好，那都是无用的。

导图小结

附上闻静绘制的一张思维导图，来总结梳理思维导图绘制要点。

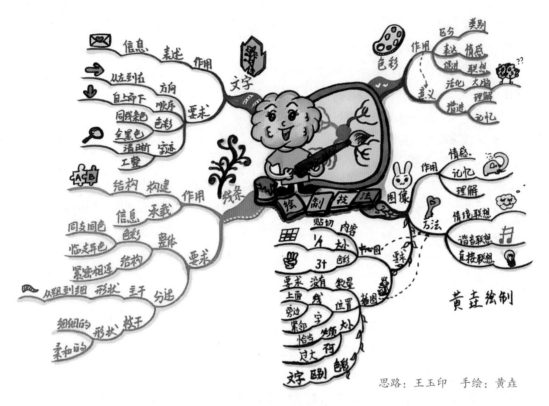

思路：王玉印　手绘：黄垚

　　只见妲己接过卷轴，眼中竟有些激动的泪花，嘴里不断念着："太美了，太美了……"少时，只见她终于冷静下来，微闭双眼，双手缓缓抚过两幅卷轴。不消片刻，睁开美目，笑道："四位小童思路倒是清晰，本宫已然了解此思维导图秘法，果然精妙绝伦。要是本宫早得此宝，成就必远非今日可比！"

"精妙绝伦？"小白心想，我这只是告诉你怎么绘制了，此宝还有许多思考秘法，我可不敢告知你这只狐狸！面上却是笑了笑，道："娘娘既得此宝，可否放我四人归去？"

"归去倒是可以，不过秘法既得，如何能不修炼，若不修炼，那与未得又有何不同？尔等黄口小儿以为本宫好欺不成？"妲己笑了笑，又道："尔等再指点我一番，待我初次修炼成功，即刻便放你等归去。"

小白四人对视了一眼，皆在心中感叹："勤学勤练的道理，她倒真是懂得很啊！难怪能修炼出道行来。"

闻静道："那就让我来陪同娘娘修炼此宝吧！"

准备工作

首先需要准备一张空白卷轴（白纸）、彩色笔（基本的红色、绿色、黄色、紫色和蓝色）。要绘制得特别漂亮，也可以多准备一些颜色。

第一步：绘制中心图

将卷轴（纸张）横放，在卷轴正中间比整个画面1/9略小一点的位置，将心中想到的内容主题绘制上去。比如，刚才献给您的那张《绘制技法》图。我考虑到是思维导图的技法，就想到了一个小人拿着笔在绘制思维导图，旁边有一盒颜料，由于写上文字会更直观明确，故又在下面书写了"绘制技法"四字。这里要注意的是，中心图的大小不超过画面的1/9，色彩要在三种以上，图像内容要和文

字贴合。娘娘可以一试。

只见妲己手中笔墨一转，眨眼间卷轴上竟出现了和闻静绘制得一模一样的中心图。小白四人不由面面相觑，暗道："这实在是……太厉害了！"

第二步：绘制主干

绘制好中心图后，接着绘制四条主干。第一条主干绘制在中心图右上角一点钟方向，我觉得色彩是非常美丽的、绚烂的，就用了红色，像一个小牛角，柔和地绘制就可以了。为了更美一些，我还在中间绘制了两个小心心。绘制好主干后，写上文字"色彩"。

第一条主干完成后，就按画圈（古代没有时钟，就说成画圈了，实际上就是顺时针方向）的方向，接着绘制第二条主干并写上文字，依此类推，绘制第三条、第四条。

完成之后，由于这些内容都是非常重要的，我就配上了相应的插图。

闻静一边指着卷轴中的导图解说，一边转头问妲己："不知我这样说，可否能让娘娘明白？"

只见转头间，妲己早已绘制好所有主干，正笑嘻嘻地瞧着闻静："小姑娘解说得不错，接着说吧！本宫领会得到。"

第三步：绘制所有枝干

分别用与主干色彩一致的颜色，绘制枝干并写上相应的文字，并在您认为重要或者疑难之处配上插图。

这里要注意的是，线条要柔和一些，不可过长，整体布局要均衡。

"嗯，姑娘，你看可是如此？"

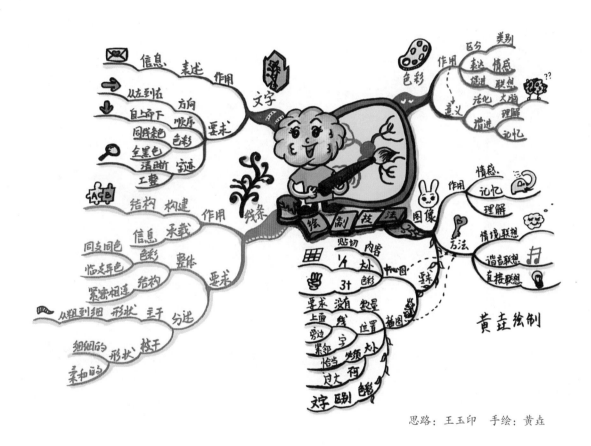

思路：王玉印　手绘：黄垚

只见妲己片刻就绘制好了整幅思维导图，且竟与闻静绘制得丝毫不差！要不是亲眼所见，四人都以为是彩色复印机复印出来的呢！

"恭喜娘娘修得此法，我等佩服得五体投地！"对于妲己的学习能力，小白

27

四人是真心佩服的。小白随后问道："娘娘此时可否让我等归去了？"

"哈哈哈！自然可以！与你们四位小童相遇，竟成就了此番缘分，本宫自会记你们一份情意，我会禀告大王，重重赏赐你们！就封你们做本宫的司服，掌管宫廷服装饰品的采办。偷偷告诉你们，这可是个美差哦！不过……"说到这里，她又面色一沉，"今后若是被本宫发现你们与本宫为敌，本宫也决不轻饶！"

小白四人心下暗道：与你为敌？我四人本身就是来与你为敌的，只是这话不好当面说出口，否则今日将难以脱身。四人只道："多谢娘娘！"随即拱手离去。

话说，周小白等人救下大夫梅伯后，梅伯为了感谢小白的救命之恩，将冠上宝石摘下来送给小白。梅伯告诉小白，这宝石乃是女娲娘娘炼石补天的一颗神石，希望对小白会有所帮助。小白双手接过神石的一刹那，神石竟化为一道绿色的光注入铜镜中。而北冥神玉也好似有感应一般，原本灰暗之色上逐渐有了一些光泽，不过还远不及在无尘山时那般晶莹。

"神玉……"小白心中很是酸涩，当年它充满灵气，时时刻刻保护他、提点他，小白早就把神玉当成了守护神！他暗暗承诺："你一定会恢复的，我保证！"

此刻，神玉竟然像是有感应一般，亮起一圈微弱的荧光，有一声极其微弱的声音传来："主人……救姜皇后……"

小白大喜："神玉，神玉，你能说话了！"

可小白还没说完，荧光马上又消失了。小白急了："神玉，你别走啊！你告诉我怎么做才能帮你……"他急得几乎要哭出声来。

此时，闻静和三多他们劝慰道："神玉刚刚说了，救姜皇后，我们还是赶紧去救姜皇后吧！或许还能找到一些帮助神玉的线索。"

请小朋友们临摹一遍这幅《绘制技法》思维导图。绘制的时候，要根据步骤一步步来，并且要注意前文中讲解到的所有关于图像、线条和文字的要求。

第三章

恶毒妲己 陷害皇后
思维导图心法

| 神 将 | 姜皇后（天府星） |
| 道 具 | 二星神石（橙） |

事件

妲己陷害皇后，小白用心法帮助皇后脱身，并用计潜伏在妲己身边。

姜皇后是东伯侯姜桓楚之女，心地善良、宅心仁厚，因为多次劝说纣王以江山社稷为重，故得罪了妲己。妲己和大夫费仲串通，编造谎言，用毒计陷害姜皇后谋反。小白四人勇救姜皇后，并带她逃出王宫，投奔其父亲东伯侯。小白也因此得罪了妲己，遂和东伯侯结盟。

小白等四人一心想救姜皇后，却不知从何处着手。正当他们心急如焚之时，封神册无风自动，环绕着四人轻盈飞动。一阵清风将四人卷起，待他们再睁开眼睛时，已身处姜皇后宫中。

只见姜皇后被一堆五颜六色且奇丑的藤蔓缠绕。藤蔓越缠越紧，姜皇后脸色越来越红，对着忽然出现的四人大叫："本宫是正宫皇后，绝不受辱于尔等小人！你们干脆点，放马过来吧！"

小白连忙解释："皇后莫怕，切勿声张，我等是奉命前来解救您的！"说着，四人连忙上前，七手八脚想要掰开那些藤蔓。可越掰，藤蔓缠绕得越紧，眼看着姜皇后脸色红得就像要滴出血来，她费力地望向自己脚下，喘着气道："赶紧，赶紧，破……解……"话没说完，人已晕了过去。

小白连忙往姜皇后脚下看去，只见一幅卷轴和一个木制的类似鲁班锁的机关。

他们万万没想到的是，卷轴上的文字竟然是一篇他们非常熟悉的文章！

和时间赛跑

读小学的时候，我的外祖母去世了。外祖母生前最疼爱我。我无法排除自己的忧伤，每天在学校的操场上一圈一圈地跑着，跑得累倒在地上，扑在草坪上痛哭。

那哀痛的日子持续了很久，爸爸妈妈也不知道如何安慰我。他们知道与其欺骗我说外祖母睡着了，还不如对我说实话：外祖母永远不会回来了。

"什么是永远不会回来了呢？"我问。

"所有时间里的事物，都永远不会回来了。你的昨天过去了，它就永远变成昨天，你再也不能回到昨天了。爸爸以前和你一样小，现在再也不能回到你这么小的童年了。有一天你会长大，你也会像外祖母一样老，有一天你度过了你的所有时间，也会像外祖母一样永远不能回来

了。"爸爸说。

爸爸等于给我说了一个谜，这个谜比"一寸光阴一寸金，寸金难买寸光阴"还让我感到可怕，比"光阴似箭，日月如梭"更让我有一种说不出的滋味。

以后，我每天放学回家，在庭院里看着太阳一寸一寸地沉进了山头，就知道一天真的过完了。虽然明天还会有新的太阳，但永远不会有今天的太阳了。

我看到鸟儿飞到天空，它们飞得很快呀。明天它们再飞过同样的路线，也永远不是今天了。或许明天飞过这条路线的，不是老鸟，而是小鸟了。

时间过得飞快，使我的小心眼里不只是着急，还有悲伤。有一天我放学回家，看到太阳快落山了，就下决心说："我要比太阳更快地回家。"我狂奔回去，站在庭院里喘气的时候，看到太阳还露着半边脸，我高兴地跳起来。那一天我跑赢了太阳。以后我常做这样的游戏，有时和太阳赛跑，有时和西北风比赛，有时一个暑假的作业，我十天就做完了。那时我三年级，常把哥哥五年级的作业拿来做。每一次比赛胜过时间，我就快乐得不知道怎么形容。

后来的二十年里，我因此受益无穷。虽然我知道人永远跑不过时间，但是可以比原来跑快一步，如果加把劲，有时可以快好几步。那几步虽然很小很小，用途却很大很大。

如果将来我有什么要教给我的孩子，我会告诉他：假若你一直和时间赛跑，你就可以成功。

再看这机关，一个方形的底座里，赫然是关于这篇文章的思维导图的一部分！让人奇怪的是，导图上的每一个词语都被做成了一个小木块，这些木块是可以自由移动的，地上还散落着一些空白的小木块。

"这是做什么？"三多挠挠头，闻静和"猴子"面面相觑，一脸茫然。

无尘山的经历让小白比他们要敏锐很多，他说："你们看，这导图虽然只有一个分支，却看起来非常凌乱。莫非……莫非是让我们把这个分支厘清？"

"对对对，赶紧试试吧！"三人连连点头。

可怎么弄呢？眼瞅着姜皇后越来越危险，四人急得满头大汗。

此时小白一滴汗水正好滴在北冥神玉上，只见荧光一闪，一声微弱的声音传来："对仗，对仗原则……"说完那光芒闪了闪就暗了下去。

小白大喊："神玉，神玉，你回来！啥叫对仗原则？"

"吵，吵死了！"神玉声音依然微弱，虽在抗议却充满了宠溺，它接着道，"我现在虽然恢复了一些，但无法长时间现身，只能作为一个桥梁，嗯，怎么说呢，就好像是你们世界中的电话一般，我连线了你们的老师'大老杨'，之前我曾把思维导图心法全部传授给他，他会帮你们的。我睡了……"说完，有一丝淡绿色的光闪现，"大老杨"的声音竟然真的传了过来！

"小猴崽子们，让我好找！哎呀，不说这些了，我赶紧把对仗原则给你们讲清楚！"

对仗原则是在梳理思维导图过程中用来厘清思路的要诀。在格律诗、对联中经常可以看到对仗的影子。

格律诗对仗的具体内容，首先是上下两句平仄必须相反；其次是相对的句子句型应该相同，句法结构要一致，如主谓结构对主谓结构，偏正结构对偏正结构，述补结构对述补结构等；再次是词语所属的词类（词性）要一致；最后是词语的词义要相同或者相对。

但对于思维导图中的对仗来说，不必如格律诗那般严格。**首先要做到词性相对，其次做到词义范围一致即可。**

词性、词义相对

对于词性，大家应该都很了解，如名词、动词、形容词、副词等。

举一个简单的例子，很多人小时候都背诵过《笠翁对韵》，即便是年龄再小的孩子，只要大人一解释，他们就能明白其中的意思，并且很好记忆。一起来回顾一下它的第一句：

　天对地，雨对风。

天和地都是名词，而且都是空间名词，一看就能明白。

雨和风也是如此，既是名词又都是表述气象的。

思维导图中也是如此，要求做到同一层级枝干上的文字，词性、词义要一致。什么叫同一层级呢？就是从同一个点出发的线条。

这个机关上的"起"后面，时间、事件、奔跑、痛哭、心情、父母这些线条，虽然它们所属线条是同一个层级，可词性却不相同，让人一看就觉得糊涂。

"哎呀，等等，等等，'大老杨'，您讲快点，皇后快没气儿了！"这时一直关注姜皇后的三多急了。

"对对对，你们先赶紧的，把词性不同的挑出来，放一边儿去！""大老杨"也急了。

词性不同？

时间、事件、奔跑、痛哭、心情、父母这六个词中，显然时间、事件、心情、父母是名词，奔跑、痛哭是动词。先拿掉动词还是名词呢？

小白眼疾手快，先抓起了写有"奔跑"和"痛哭"两个词的小木块。

"嘿，嘿嘿！那藤蔓松了一点点！小白你做对了！"三多叫道！

"大老杨"的声音又传了过来："好些了吗？小白你这次还真是蒙对了！

"一般来说，名词会比动词更重要，因为名词被用于认知世界，动词一般是放在名词后面的。你们看，拿掉这两个动词后，是不是感觉稍微顺了一些了呢？但是还不够，时间、事件、心情、父母虽然都是名词，但还需要做到词义范围一致。时间、事件、心情和父母显然是不一致的。'时间''事件'没问题，但是'心情'和'父母'就很奇怪了。

"那么对应'时间''事件'，你们能联想到什么呢？"

"人物！可以把父母放在人物下面！"闻静开口道。

"非常棒！时间、事件、人物，那么'心情'呢？'心情'又怎么办？"

小白眼珠转了转："心情，应该是作者自己的心情吧。我明白了，可以这样做！"

小白快速捡起两个空白的木块，分别写上"人物""自己"两个词，又快速将木块调整了位置。此时，姜皇后身上那些打结乱绕的藤蔓几乎在同一时间自动解开了并快速退去，只留下两

35

根细条。闻静连忙轻抚姜皇后后背给她顺气，看着那两根细细的藤蔓跟小白说："这两根细条？想来是你刚刚拿掉的'奔跑'和'痛哭'！赶紧看看如何对仗！"

"'奔跑'和'痛哭'也是指自己，那就放到自己后面吧！""猴子"手快，抓起木块就放了上去。

谁知，刚放上去，又不知从哪里伸出几根藤蔓迅速往皇后身上缠去！

"喂喂喂！"吓得猴子抓起那两个木块忙不迭地扔了，那几根新生的藤蔓又消失了。

"大老杨"的声音又来了："陈凯啊陈凯，'心情''奔跑''痛哭'能是一个词性吗？"

小白安慰地拍拍猴子的肩膀，轻轻念叨："显然不是的，不过这两个词语既要放上去，又要让它们对仗，该怎么办呢？"忽然他眼前一亮："对了，不是可以加东西吗？！'人物'和'自己'这两个词语也是我们自己加上去的，那么'奔跑'和'痛哭'前面是不是可以加一个归纳词，跟'心情'相对，'奔跑'和'痛哭'是什么呢？对了，是行为，行为！"

小白迅速抓起一个空白木块，写上了"行为"，然后又把"奔跑"和"痛哭"放在了"行为"后面！

思路：王玉印　手绘：张荔涵

36

说时迟那时快，姜皇后身上仅有的两根藤蔓也迅速消失了！姜皇后醒过来了！

四人赶紧上前去，扶起姜皇后，道："皇后快快随我等离去！"

正值他们庆幸皇后得救之时，封神册又转了起来，一团雾袭来，将五人卷入一团云雾之中。眨眼间，他们竟落至一座白玉桥之上！

五人定睛一看，桥的一端通向高大、宏伟的摘星楼，另一端通向宫门外，桥下方就是那巨大的虿（chài）盆！深坑中有毒物不断蠕动，并发出声声嘶鸣，一阵阵腥臭扑面袭来。

五人被这一变故吓得手脚发软，倒是姜皇后比较镇静："孩子们，快一起往宫门处跑！"

可这时候，更大的变故来了！通往宫门方向的桥体解体，构成桥体的玉石纷纷落入虿盆之中！待五人反应过来要转往摘星楼时，后方桥体竟然也解体了！顷刻间只剩下他们站着的五块玉石还悬在虿盆上！

"怎么办，怎么办？莫非这次真的要交待在这里了！"三多闭上眼睛嘀咕着。"猴子"一把抱住了三多，说："虽然那些毒物已经被玉石砸死了很多，可那些活着的更疯狂了，我不想掉进去，我好害怕！"

此时小白脚下的那块玉石投射出一片白光，白光中出现一段话：我等不想日日立于这万恶的虿盆之上，看妲己残害忠良，为妲己铺下道路。所以一心想

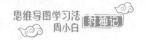
自我解体。正值将要散开之时，你等落在桥上，我等只好拼命保住你们脚下这五块玉石，但也快支撑不下去了！眼下唯有一法，若你们想出与玉石相关的美好之物，方可为我等再注入力量，想得越多，力量越大，或可让我等重建此桥，助你们逃出生天！

"有关玉石的美好之物？"姜皇后摸了摸头上的玉簪，道，"此玉簪算不算？"

话音刚落，其中一块掉落的玉石竟飘了上来！五人脚下的地方总算大了一点点。

"看来，只要说这些就行！"小白说，"赶紧一起想！"

"好嘞！"众人答应一声，七嘴八舌地说了起来！

玉玺！玉壶！玉箫！

三声之后，又有三块玉石飘了上来！

还有什么呢？还有什么呢？越是情急，人的大脑越是一片空白！

"北冥神玉！"小白忽然大声道！只见瞬时飘起十块玉石，可这也远远不够啊！

只见此时神玉又发出了上次传送"大老杨"声音时的那种淡绿色的光芒，此时似乎光芒颜色又深了一点点，"大老杨"的声音又传来了。

一　上找大类

"赶紧的，想想玉箫是什么类别？玉壶是什么类别？玉玺是什么类别？"

"好嘞。"小白快速伸出手，往那片玉石投出的白色光墙挥去，刷刷刷，绘出了一个简单的思维导图。

(二) 中找同类

"大老杨"的声音又传来："看看印信下除了玉玺还有什么同类，容器下除了玉壶还有什么。"

"对了，印信类，玉章、玉牌，还有玉印！哈哈。"

"容器类的就多了，玉碗、玉杯、玉盏、玉缸、玉罐也可以！"

"乐器类，既然有玉箫，那玉笛、玉琵琶、玉琴、玉筝，啥乐器都可以用玉做！"

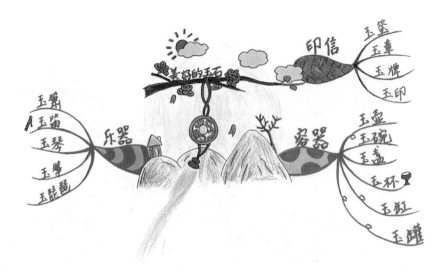

"那还有刚刚皇后说的玉簪！玉簪应该属于饰品类！"闻静忽然想。

由一个饰品类又想到了许多玉簪的同类品。

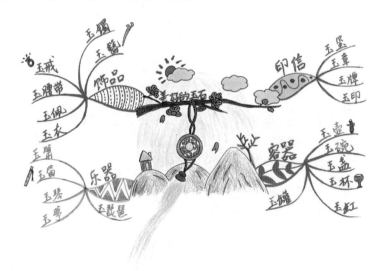

三 下找小类

"大老杨"再次大喊:"再想想这些同类下面还有没有小的分类。"

"哇,那就太多了!"皇后对于玉玺非常了解,一下子报出许多,"猴子"和三多也说了一些关于玉壶和玉碗的细分,一下子玉桥便恢复了一半。

小白说道:"我们是不是还可以再整合一下?比如,目前说的四类都是物品类,我记得玉通常形容美好的事物,跟它相关的词语有很多。"

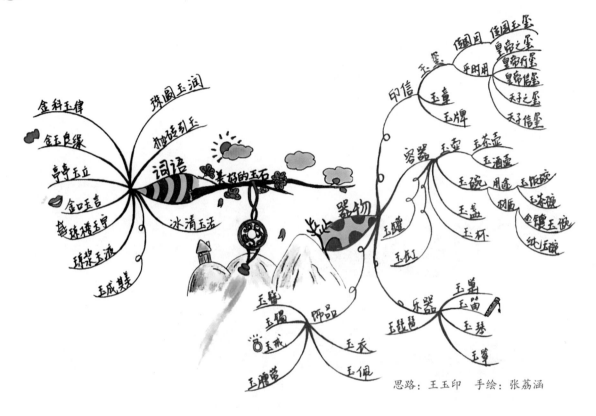

思路：王玉印　手绘：张荔涵

　　于是，思维导图又被整合成了上图这样！玉桥一瞬间就恢复了。"大老杨"欣慰的声音传来："你们真的很聪明，懂得举一反三，这上找大类、中找同类、下找小类的方法，就是发散思考**十二字真经**，可以帮助你们拓展思维，同时你们也要灵活运用，不是说每个方法只能用一次，而是可以随时整合，这样想法就会源源不断，而且每一个想法都在相应的分类下面，特别清晰！走了！祝你们好运！"

　　北冥神玉淡绿色光芒一闪，小白脚下那块玉石又发出一片白光，形成光墙，上面写道："想不到，与玉有关的竟有这么多美妙的东西、美好的词语。虽然我等与这毒物为伴，不堪受辱，但也总算有了一丝美好的念想。如今桥体已恢复，你们赶紧离去吧！"

姜皇后对着玉桥轻轻说道："这世上并非与丑恶的东西为伍，自己就会变得丑恶。只要坚持心中之美好，你便依然是美好的。任何东西用来作恶便是丑陋的，用来为善便是美好的。一切皆在自心而已！"说完转身对着小白他们道："孩子们，我们走吧！"

此时，桥中心有一小团亮晶晶的光飞出，环绕着小白不断飞行，随后竟往北冥神玉处飞去，那团光亮拢住神玉，并渐渐隐入其中，神玉的光泽又恢复了些许。

对仗原则和发散思考十二字真经，在绘制思维导图中常常需要用到。下面我们举一个跟学习相关度非常高的例子——记听课笔记，此处选用李白的《黄鹤楼送孟浩然之广陵》作为案例。

黄鹤楼送孟浩然之广陵
李白

故人西辞黄鹤楼，烟花三月下扬州。
孤帆远影碧空尽，唯见长江天际流。

第一步：逻辑思考之对仗原则

(一) 搭建框架

听课的时候，必须将老师讲解的要点按逻辑进行分类。

诗的字词、内容、意涵、类型、作者等都是常见的考点。这些词都是名词，词性一致，词义范围也一致。因此可以在听课之前，先把中心图和逻辑框架搭建好。这样在听课过程中就可以更专注地听老师讲解了。

思路：方新余　手绘：段皓

(二) 紧抓关键

1. 字词

当老师讲解到字词的时候，我们可以先把字词的要点放置到主干下面。

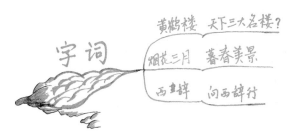

如"黄鹤楼""烟花三月""西辞"这三个词，是需要解释的难点，就依次记录下来。

你可能会提出疑问：这三个词语的属性，并不相同，一个是楼的名称，一个是时间，一个是告别的动作。但是，在这里它们可以算是同属性的，为什么呢？因为在这里它们代表的都是生词、难词。

2. 内容

在内容这一部分，将第一句、第二句、第三四句分开来讲述，为什么将第三句和第四句合在一起呢？因为它们在意境上难以分割。在每一句的后面又分别用"表述了""描绘了"来表达相关内容，逻辑非常清晰。

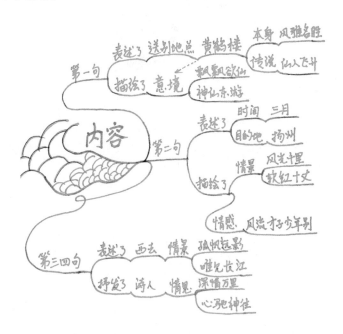

3. 意涵

在意涵部分也是，用诗调、诗情、诗意来表述，对仗严谨，思路清晰。

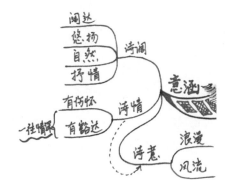

4. 类型

故事的类型是常见的考点之一，因此这里也要将其归纳在思维导图中，以便记忆。

5. 作者

关于作者的内容也是必考点，此处整理了李白的名号、祖籍、年代、身份等。

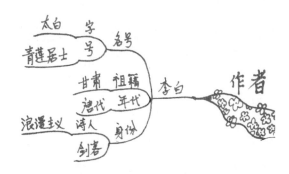

第二步：发散思考十二字真经

将老师讲解的要点归纳完后，可以自己展开思考和想象。这里需要做到上找大类、中找同类、下找小类。

一 下找小类

老师讲到黄鹤楼是天下三大名楼的时候，也许你不禁会问，其他两大名楼是什么楼呢？课后就可以自己去查找资料进行补充，这就是下找小类，同时知识面也得到了拓展。

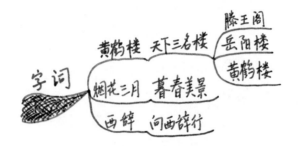

二 上找大类

李白作为一个鼎鼎有名的诗坛领袖，我们对他的好奇，不仅局限于年代、身份、名号等，还想了解关于他的更多信息，可以继续思考和查找资料。除了这些外，还有什么与李白相关的呢？比如，他在诗歌上的成就。如果有了"成就"这个词，那么前面的内容可以归纳为什么呢？通过思考，可以发现，年代、身份、名号似乎可以归纳为李白的名片。

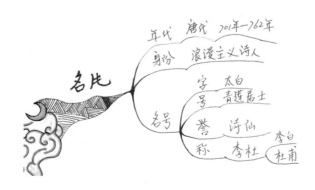

三 中找同类

有了名片、成就，还有什么与李白相关的内容需要了解呢？跟名片、成就并列的，可能会联想到他一生的遭遇如何、他有哪些朋友等。

四 三剑（上、中、下）合璧

我们在思考问题时，应将上找大类、中找同类和下找小类搭配起来使用。这样我们就可以全方位思考问题，既能往上收紧，抓到要点；又能往下发散，深入和全面地思考。

最后，这张图就变成了下面这样。

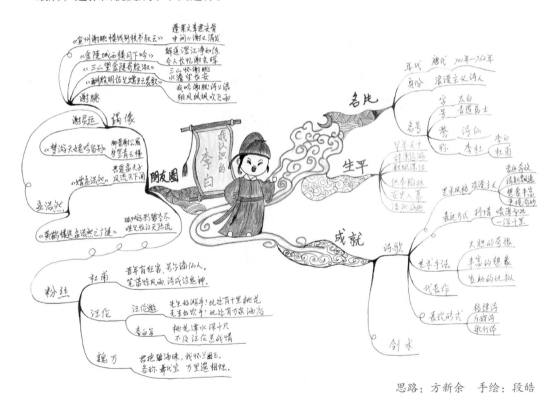

思路：方新余　手绘：段皓

其中，由于李白的代表作太多，故做了一张独立的思维导图。

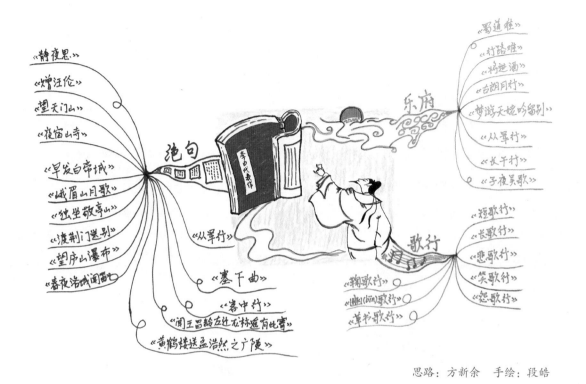

思路：方新余　手绘：段皓

这就是思维导图的逻辑思维和发散思维在实际学习中的活学活用，你看明白了吗？

1. 对仗原则

该原则适用于梳理思维，作用是让我们的思路瞬间变得清晰。

这里有一幅小朋友的作品，请你用对仗原则进行修改。

四个太阳

我画了个绿绿的太阳，挂在夏天的天空。高山、田野、街道、校园，到处一片清凉。

我画了个金黄的太阳，送给秋天。果园里，果子熟了。金黄的落叶忙着邀请小伙伴，请他们尝尝水果的香甜。

我画了个红红的太阳，送给冬天。阳光温暖着小朋友冻僵的手和脸。

春天，春天的太阳该画什么颜色呢？哦，画个彩色的。因为春天是个多彩的季节。

——选自部编版《语文（一年级下册）》

绘制：杨舒涵

2. 十二字真经

该方法用于拓展思路，让我们思路如泉涌。那么该方法可以用在哪些场景中呢？其实这个方法在写作、知识拓展、厘清解题思路等场景都可以应用。

比如，写文章苦于没有内容时，可以用"上找大类、中找同类、下找小类"的方法来思考，一下子就可以想到很多。

请尝试用这样的思考方法来想一想《我的××同学》的作文素材。

第四章

囚禁西伯 推演周易

思维导图输入法

| 神将 | 西伯侯姬昌（天同星） |
| 道具 | 三星神石（黄） |

事件

西伯侯被囚于羑里，神秘人出现助其脱身。

纣王担心四位伯侯谋反，想除之而后快。西伯侯一声叹息，被纣王囚禁于羑里7年。在这7年中，西伯侯偶遇了一个自称来自21世纪的神秘人。神秘人使用后天八卦图，为西伯侯预测了将要发生的事情。姬昌得知自己的二儿子姬发将来会成为西周大王，替天行道，讨伐暴君。于是，西伯侯暗下决心要和神秘人学好本领，掌握推演后天八卦的能力，将来助儿子一臂之力。神秘人告诉西伯侯，要掌握推演后天八卦的本事，必须先学好思维导图输入法。于是，姬昌开始学习思维导图输入法。

解封技能 快速阅读

来自21世纪的神秘人告诉姬昌，他曾经运用思维导图快速阅读，博览群书，考上了他所处时代的最高学府之一——北京大学——的考古学专业。现在，他要将这门绝学教给姬昌，助他完成统一大业。

神秘人告诉姬昌，要掌握天下的学问，就一定要懂得高效学习的方法。知道方法，就可以事半功倍；不知方法，只能陷入低效率的循环。

那什么才是高效学习的方法呢？神秘人拿出了这样一幅图：

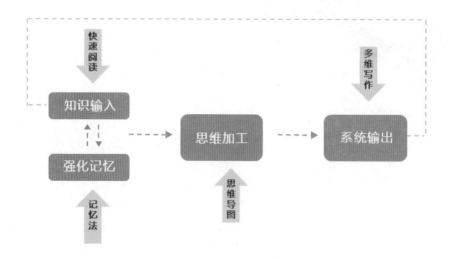

神秘人解释道："西伯侯，这就是高效学习的方法。无论我们学习什么，都需要先进行知识输入，扩大知识视野，快速阅读就是秘诀；然后使用记忆法，将那些重要的知识强化巩固；有些知识，光知道不行，还要将它们创造性地链接起来，这就是思维加工，我会教你绘制思维导图；最后是系统输出，我们可以将它写出来，流传后世。"

姬昌虽然听得一知半解，却感觉此方法非常厉害，遂频频点头应答："老师在上，请受徒弟一拜！老师，我们该从何处学起呢？"

神秘人扶起姬昌，不慌不乱地说："西伯侯不必多礼。天下武功，唯快不破。我们先来学习快速阅读！"

要快速阅读一篇文章，我们需要按照以下步骤进行。

（一）辨文体

先分辨文章的文体类型，不同文体类型具有不同特点，阅读方法也略有不同。常见的文体类型有记叙类、议论类、说明类和应用类。

需要注意的是，这里的分类方法是按照文章体裁来划分的，而不是按照文学体裁来划分。文学体裁包括小说、散文、诗歌、戏剧等。有些小说既有记叙的成分，也有议论、抒情的成分，我们需要将这些概念梳理清楚。

记叙类： 以记叙、描写为主要表达方式，以记人、叙事、写景等为主要内容的文章体裁。有明确的时间、地点、人物和事件，可以采用顺叙、倒叙、插叙或补叙等叙述手法。辨别时，需要抓住时间、地点、人物及事情的发展等关键信息。

议论类： 以议论为主要表达方式，通过讲事实，摆道理，直接或者间接表达作者的观点和主张的一种文章体裁。议论文要求有较为明确的观点、逻辑清晰的结构层次，以及丰富有力的论据材料。辨别时需要重点寻找作者的观点、论据和论证方法。

说明类： 以说明为主要表达方式，用于介绍或者解释某种具象或抽象的事物的一种文章体裁。有明确的说明方法，如打比方、举例子、作诠释、列数字等。说明类文体较为容易辨别。

应用类：一种贴合日常生活、工作和学习的实际需要，具有一定格式，篇幅短小，简明得体的实用性文体。常见的应用类文体有书信、笔记、公文、宣传稿、告示等。应用类文体最容易辨别。

（二）找观点

快速理解一篇文章的观点，要先找到观点所在的位置。**一个经过写作训练的作者，是不会让自己的观点在文章中乱跑的，而是会将其放在特定的位置。**

一般来讲，观点经常出现在文章的标题、开头或结尾处。**标题和文章开头有引起下文、吸引读者兴趣的作用；结尾有收束全文，点明中心和升华主题的作用。**由此可见，我们在阅读文章时，首先应该关注文章的标题、开头和结尾。

抓住观点之后，我们就可以知道作者想表达什么了。一般而言，作者想如何说、分几个方面说、在什么场合说等问题，需要我们进一步去把握。

记叙类：时间和地点是关键。不同时间、不同地点会发生不同的事情，表现不同人物的特点，可以说，时间和地点就是记叙类文章情节发展的"关节"所在。除此之外，我们还需要关注人物的动作和情感，在对于人物的褒贬描写中，作者经常会流露出对人物的评价，这也是我们理解记叙类文章的重点。

议论类：需要关注行文结构线索和过渡句。**过渡句是作者议论方向的递进或转换，起到承上启下的作用。**在议论类文章中，作者在表明观点时经常会使用议论或抒情性的文字，这也是我们识别观点的捷径，需要特别注意。

说明类：关注说明对象的特点与细节。**说明类文章要向读者呈现说明对象的特点，我们在阅读时需要特别注意名词、动词、形容词和数量词。**

应用类：关注使用对象和应用场合。**应用类文章以实用性为目的，具有一定的时效性和规范性。**因此，我们在阅读时应该关注使用对象和应用场景，针对不同对象和不同场景，我们选择的规范标准也不同。

（三）抓关键

找到作者的观点后，要如何概括文章的主要内容呢？对于议论类文章，观点句就是作者要论述的主要内容；对于说明类文章，说明对象的特点和作者对说明对象的情感表达是主要内容；对于应用类文章，具体要通知的事情和作者的目的就是主要内容；而记叙类文章是考查得最多的文体，也是本书重点阐述的内容。

有的时候，记叙类文章的中心句就是主要内容；而有的时候，主要内容需要我们从文章中提炼。概括主要内容是让很多人头疼的事情，不过我们只要抓住了文章的关键词，就可以条理清晰地概括文章的主要内容。

概括文章主要内容的关键词是什么呢？时间、地点、人物、原因、事件、细节、结果，只要把握了这些关键词，我们就可以掌握一篇文章的主要内容了。要记住这七大要素很简单，我们可以利用谐音法来记忆。姜子牙抓住了狐狸精妲己和雄鸡精胡喜媚，把她们打回了原形，并且要把这两只害人的妖精放在大锅里煮了。于是，他问师弟申公豹："师弟，先把谁的尾巴放在左边的锅里呢？"这样，我们就记住"时、地、谁、为、如、做、果"（师弟谁尾入左锅）了。

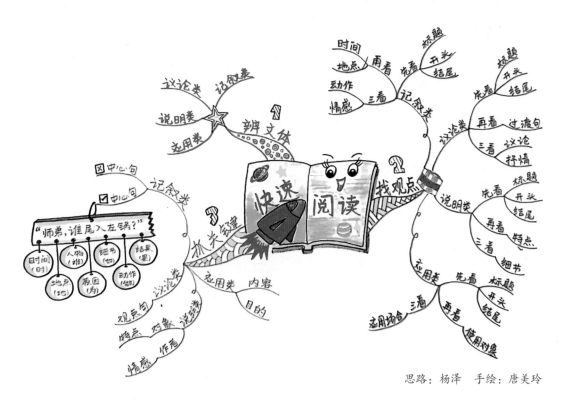

思路：杨泽　手绘：唐美玲

操作示范 快速概括的两种类型

鲁迅小的时候，爱买书，爱看书，爱抄书，把书看作宝贝一样。还在进"三味书屋"前，他在自己的启蒙老师——一位远房叔祖父那里看了不带图的书。这位老师曾经告诉他，有一部绘图的《山海经》，画着人面的兽，九头的怪物……可惜一时找不到了。这么一部有趣的书，可把鲁迅吸引住了。他念念不忘，梦寐以求，把他的保姆长妈妈也感动了。长妈妈不识字，她探亲回来时，就设法给鲁迅买回了这部书。一见面，长妈妈把一包书递给鲁迅，高兴地说："哥儿，有画的《山海经》，我给你买来了！"

一听这消息，鲁迅欣喜若狂，赶紧把书接过来，打开纸包看了起来。

这是鲁迅最初得到的心爱的书。后来，识字渐渐多起来了，他就自己攒钱买书。过年，鲁迅得到压岁钱后，总是舍不得花，攒起来买书看。

鲁迅小时候，不仅酷爱读书，而且还喜欢抄书，他抄过很多书。显然，抄书使他受益匪浅。他的记忆力那么好，读过的书经久不忘，这与他抄书的爱好是密切相连的。

鲁迅小时候对书籍特别爱护。他买回书来，一定要仔细检查，发现有污迹，或者装订有问题，一定要到书店去调换。有些线装书，很容易脱线，他就自己动手改换封面，重新装订。

看书的时候，他总是把桌子擦得干干净净，看看手指脏不脏。脏桌子上是不放书的，脏手是不翻书的。他最恨用中指或食指在书页上一刮，使书角翘起来，再捏住它翻页的习惯。他还特意为自己准备了一只箱子，把各种各样的书整整齐齐地放在里面，箱子里还放了樟脑丸，防止虫蛀。

鲁迅小时候养成的爱书如宝的好习惯，贯穿了他的一生。他读过的书浩如烟海。他购置的书，仅据《鲁迅日记》上的"书账统计"，从 1912 年至 1939 年，就有九千多册。他收藏的书，总是捆扎得井井有条。鲁迅一生清贫，最大的财产，就是他的这些宝贵的藏书了。

（一）辨文体

文章中有明确的人物（鲁迅）、时间（小时候）、事件（买书、读书、抄书等），可以判断这篇文章为记叙文。

（二）找观点

先看题目《鲁迅先生爱书的故事》，可以得知文章的主要人物和事件。再看开头，"鲁迅小的时候，爱买书，爱看书，爱抄书，把书看作宝贝一样。"这是文章的中心句，起到了引起下文的作用。全文从鲁迅先生买书、看书、抄书、藏书等方面展开了叙述。三看结尾，"鲁迅小时候养成的爱书如宝的好习惯，贯穿了他的一生。"再次强化中心观点，同时首尾呼应。

（三）抓关键

通过上面两个步骤，可以判断，这是一篇有中心句的记叙文。中心句就是主要内容，概括时除了要写出中心句，还要写出作者这样写的目的，即要写出表现了主人公什么样的精神。这篇文章的主要内容可以概括为**本文写了鲁迅先生小时候爱买书、爱看书、爱抄书，把书看成宝贝的故事，表现了鲁迅先生不断充实自己、完善自己的精神。**

没有中心句的文章：《卖火柴的小女孩》

天气冷得可怕。正在下雪，黑暗的夜幕开始垂了下来。这是圣诞节的前一夜。

一个卖火柴的小女孩在街上走着，她的衣服又旧又破，脚上穿着一双妈妈的大拖鞋。她的口袋里装着许多盒火柴，一路上不住口地叫着："卖火柴呀，卖火柴呀！"人们都在买节日的食品和礼物，有谁会理她呢？

中午了，她一根火柴也没卖掉，谁也没有给她一个铜板。

她走着走着，在一幢楼房的窗前停了下来，室内的情景吸引住了她。哇，屋里的圣诞树多美呀，那两个孩子手里的糖果纸真漂亮。

看着人家幸福的情景，小女孩想到了生病的妈妈和死去的奶奶，伤心地哭了。哭有什么用呢？小女孩擦干眼泪，继续向前走去。

"卖火柴呀，卖火柴呀！叔叔，阿姨，买一些火柴吧！"

可是，人们买完节日礼物，都匆匆地回家去了，谁也没有听到她的叫卖声。雪花落在她金黄色的长头发上，看上去是那么美丽，可谁也没有注意到她。

小女孩走着走着，一辆马车飞奔过来，她吓得赶快逃开，大拖鞋跑掉了。马车过去后，她赶紧找鞋。那是妈妈的拖鞋呀，妈妈还躺在床上呢。可是，一只找不到了，而另一只又被一个男孩当足球踢走了。小女孩只好光着脚走路，寒冷的雪将她的小脚冻得又红又肿。

天渐渐黑了，街上的行人越来越少，最后只剩下小女孩一个人了。街边的房子里都亮起了灯光，窗子里还传出了笑声。食品铺里飘出了烤鹅的香味，小女孩饿得肚子咕咕直叫。她好想回家，可是没卖掉一根火柴，她拿什么钱去给妈妈买药呢？雪越下越大，街上像铺了一层厚厚的白地毯。

　　小女孩一整天没吃没喝，实在走不动了，她在一个墙角坐下来。她用小手搓着又红又肿的小脚，一会儿，小手也冻僵了。真冷啊，要是点燃一根小小的火柴，也许可以暖暖身子呀。

　　她终于抽出了一根火柴，擦燃了火柴，哧！小小的火苗冒了出来。小女孩把手放在火苗上面，小小的火光多么美丽，多么温暖呀！她仿佛觉得自己坐在火炉旁，那里面火烧得多旺啊。小女孩刚想伸出脚暖和一下，火苗熄灭了，火炉不见了，只剩下烧过的火柴梗。

　　她又擦了一根，哧！火苗又蹿了出来，发出亮亮的光。墙被照亮了，变得透明了，她仿佛看见了房间里的东西。桌上铺着雪白的台布，上面放满了各种各样好吃的东西。一只烧鹅突然从盘子里跳了出来，背上插着刀叉，蹒跚着向她走来。几个大面包也从桌上跳了下来，一个个像士兵一样排着队向她走来。就在这时，火柴又熄灭了，她面前只剩下一面又黑又冷的墙。

　　小女孩舍不得擦火柴了，可她冻得浑身直抖。她又擦了一根，哧！一朵光明的火焰花开了出来。哗！多么美丽的圣诞树呀，这是她见过的最大最美的圣诞树。圣诞树上挂着许多彩色的圣诞卡，那上面画着各种各样的美丽图画。树上还点着几千支蜡烛，一闪一闪的，好像星星在向她眨眼问好。小姑娘把手伸过去，唉，火柴又熄灭了，周围又是一片漆黑。

　　小女孩又擦亮了一根火柴，她看到一片烛光升了起来，变成了一颗颗明亮的星星。有一颗星星落下来了，在天上划出一条长长的火丝。所有的星星也跟着落下来了，就像彩虹一样从天上一直挂到地上。

　　小女孩又擦亮了一根火柴，火光把四周照得通亮，奶奶在火光中出现了，朝着她微笑，那么温柔，那么慈祥。

"奶奶……"小女孩激动得热泪盈眶，扑进了奶奶的怀抱。

"奶奶，请把我带走吧，我知道，火柴一熄灭，您就会不见了！"小女孩把手里的火柴一根接一根地擦亮，因为她非常想把奶奶留下来。这些火柴发出强烈的光芒，照得周围比白天还要亮。奶奶从来没有像现在这样美丽和高大。奶奶把小女孩抱起来，搂在怀里。

她们二人在光明和快乐中飞起来了。她们越飞越高，飞到了没有寒冷、没有饥饿的天堂，和上帝在一起。

火柴熄灭了，四周一片漆黑，小姑娘幸福地闭上了眼睛。

圣诞节的早晨，雪停了，风小了，太阳升起来了，照得大地金灿灿的。大人们来到街上，祝贺着圣诞快乐。小孩子们穿着新衣，愉快地打着雪仗。

这时，人们看到一个小女孩冻死在了墙角，她脸上放着光彩，嘴边露着微笑。她周围撒满了火柴梗，小手中还捏着一根火柴。

"她想使自己暖和一下。"人们说。谁也不知道，她曾经看到过多么美丽的场景，她曾经是多么快乐地和奶奶一起，走到了新的幸福中。

（一）辨文体

文章中有明确的人物（小女孩）、时间（圣诞节前夜）、事件（卖火柴），可以判断这篇文章为记叙文。

（二）找观点

先看题目《卖火柴的小女孩》，可以得知文章的主要人物和事件。再看开头，开头交代了故事发生的自然环境和背景，没有中心句。最后看结尾，结尾交代了小女孩冻死在墙角和人们对她的评论，这是故事的结局，也没有明确的中心句。因此，我们需要通过抓关键的方法来概括文章的主要内容。

（三）抓关键

通过上面两个步骤，我们可以判断，这是一篇没有中心句的记叙文。因此我们需要找到七大要素"时、地、谁、为、如、做、果"。时间：圣诞节前夜和圣诞节早晨；地点：街上；人物：小女孩；原因：妈妈生病，赚钱买药；细节：不住口地叫卖；事件：卖火柴；结果：没有人买火柴，小女孩冻死了。我们稍加整理，可以概括为**圣诞节前夜，小女孩为了赚钱给妈妈买药，在街上不住口地叫卖火柴，结果没有人买她的火柴，小女孩在圣诞节早晨被冻死了。**

神秘人对姬昌说："西伯侯，这些方法你都掌握了吗？了解了这些方法，你就可以阅尽天下群书，掌握洞悉现在、未来的能力，可以助武王统一天下了。"

姬昌谢过神秘人后，刻苦训练，终于在狱中掌握了思维导图输入法。

在他掌握了这个方法之时，腰间锦囊中的三星神石发出了耀眼的黄色光芒，将漆黑的地牢照得如同白昼。

神秘人忙问："这是何宝物？"

姬昌也感到奇怪，说这是他来朝歌的路上在河中捡到的一颗石子，当时只觉得它有三颗星，看起来与众不同，心中欢喜，便将其放入了随身锦囊之中。

神秘人仔细查看后，感叹道："在河中竟然也能见到这等宝物，你可知这是三星神石！它与其他神石相遇便有穿越时空的神奇力量！这可是有大用途的！你需得好好保管，再不可轻易示人了。"

姬昌惊讶不已，连连点头答应。

姬昌被救出狱后，通阅天下之书，终于推演出了后天八卦，成为中华命理开山之祖。

对手，你好

　　狼常到一个牧场叼羊。牧场主用了整整一个冬季，请猎手围猎狼群，狼患总算解除了。过了不久，羊群中间开始流行疫病，羊大批地死掉，比狼患的损失还大。牧场主请来医生给羊群做防疫，治病。但是，不知为什么，疫病还是不断发生，没办法，牧场主只好请来一批专家会诊。专家会诊的结论是，让牧场主请几只狼来，放回到附近的山里。

　　原来，先前狼的光临，有着天然促使羊群"优生优育"的作用。狼的骚扰，使羊群常常惊悸奔跑，因此羊格外健壮，老弱病残均落入狼口。疫病源也就不存在了。

　　这个真实的故事十分耐人寻味。

　　在生物链中，狼是羊的天敌。没有了狼这个对手，羊群就会面临灾难。现在人类之所以保护生物，就是为了不让生物链断裂。换句话说，就是让每种生物都有对手。

　　有对手，保持警惕，才会不失活力，这个道理在人类中亦然。当年七国争霸，秦国变法图强。但一旦六国并入秦的版图，秦没了敌人，滥用民力，就二世而亡了。现在我们公认竞争是个好东西，就是因为竞争使参与者都有了对手，逼着大家锐意进取，否则就会自毁长城。

　　人生如登山，只要有高峰还在前方，人的脚步就不会停下。一旦把千山万壑踩在脚下，真正的对手便是自己了。美国拳王泰森称霸拳台，击垮了一个又一个对手。不承想，胜利和鲜花带给他的是狂躁和纵欲，最后他因罪下狱。美国舆论惊呼："拳王自己打倒了自己"。可见，视自己为对手，战胜自己，超越自己，是人生的十八盘，是最艰难的选择。

　　在人生漫长的征途中，对手是同行者，也是挑战者，是对手唤起了我们挑战的冲动和渴望；失去对手，我们将失去一切。从这个意义上讲，我们不妨说一声："对手，你好。"

　　这篇文章告诉我们一个什么道理?

第五章

哪吒出世 龙王献图
思维导图加工法

神将 哪吒（火星）

道具 四星神石（红）

事件

哪吒出世，闯祸，小白用四星神石吸收火气，收其为神将。

陈塘关总兵李靖的夫人怀胎3年，却生下一个肉球，肉球中诞出一个儿童，取名哪吒。小白从封神册中预知此事，便先一步到东海面见龙王。小白告诉龙王，一定不能让三太子出水游玩，否则会有生命危险。龙王听说小白是侦缉特使，非常感谢他对自己的提醒，于是将东海镇海之宝四星神石赠予了小白，助他收服了哪吒。

解封技能 古诗文记忆

　　转眼间，哪吒已经长成一个大小伙子了，而让李靖心烦的事情却是一桩连着一桩。"报——总兵大人，不，不，不好啦，公子又闯祸啦！"侍卫急得满头大汗，一路狂奔着前来禀报李靖。

　　"慢点说，这小子又怎么啦？"李靖连忙问道。

　　"公子把张家的房子点着啦，我们正救火呐！"

　　哪吒天生有运用火的能力。只要一生气，就能从掌心喷出火来。哪吒小的时候，曾和镇上的孩子打闹，一不小心把老王家的庄稼点着了，结果老王一年的辛苦劳作全白费了。气得老王找李靖理论，李靖不仅赔了钱，还带着哪吒上门道歉。因为这件事，哪吒被关在家里整整一个月。

　　除了这件事，还有很多小事故，让镇上的孩子都对哪吒敬而远之，都不愿意和他一起玩耍。李靖既心疼孩子，又担心他再出去惹祸。于是，经常把他关在家里，并找了几个年轻力壮的家丁，陪他一起玩。不过，哪吒很快就觉得无聊了，又偷偷跑了出去。

　　这次哪吒竟然把人家的房子点着了。这要是出了人命可怎么办呢？李靖一声叹息，顾不得多想就跑了出去，叫人帮忙去张家救火。

　　然而，这还不是哪吒闯下的最大的祸。根据封神册记载，哪吒会在七天后偷偷跑去东海洗澡，在东海岸边打死龙王三太子敖丙，龙王将会为三太子报仇，

65

水淹陈塘关，千万黎民将会流离失所。

　　周小白通过封神册预知大难将临，他和朋友们抢先一步来到东海，手持北冥神玉，一路下到海底，见到了东海龙王。得知事情的来龙去脉，老龙王既愤怒又慌张，发愁了半天，忽然想到一事："几位特使，要阻止哪吒的神火，本王倒是有一法，只是必须要天魁星调动河图中神谕的力量。然而，这神谕从来没人解开过，不知几位特使可有办法？"

　　说着，老龙王便拿出了东海镇海之宝——河图。小白接过来一看，上面写满了古代文字，看了半天也没看懂。这可怎么办呢？

　　就在此时，北冥神玉发出碧绿色的光芒，"大老杨"的声音传来："小白，这是甲骨文，上面记载的是思维导图古诗记忆法。"

　　"太好了！"小白听后跳了起来，对龙王道，"有了这神谕就不怕了。今日午后，哪吒将大闹东海，会给应战之人出一道难题，就是应战之人必须在一炷香的时间内背下他新学的古诗。如果背得下来，便可以相安无事；如果背不下来，哪吒就要大闹东海。"

　　龙王一听，大怒道："简直是胡闹！什么背古诗？还一炷香？简直开玩笑！背不出来还大闹东海？！本王活了这么久，没听过这么儿戏之事！难道本王还怕他个小娃娃不成？！我这就去找李靖理论，他要是管不好孩子，我就淹了他的陈塘关。"

　　"龙王别急，只要有了破解记忆古诗的方法，东海便可转危为安。"小白接着说道，"这河图之中记载的便是破解之法。"

　　此时，神玉中"大老杨"的声音又传来："虽能应战，但神玉让我告诉你，要收服哪吒，就必须得用东海之宝四星神石的水行之力吸收哪吒体内的火气。"

"四星神石？四星神石在东海龙宫吗？"小白一听，激动得不得了，这意味着他离集齐十二颗神石又近了一步。他诚恳地瞧向龙王。

龙王面露难色："这……这……不瞒特使，这神石确实在本王的龙宫之中，只是此物乃我东海镇海之宝！"说到此处他顿了顿，像是下了极大的决心："如果可以降服那妖孽，我愿意将此宝赠予特使。"老龙王虽有些不情愿，但一想到可以救儿子性命，便也不吝惜什么法宝了。

"得嘞，那咱就开干吧！"小白一行四人围到河图前，只见神玉发出一道浅绿色莹光，对着河图扫了一遍，竟如同现代的翻译器一般，将甲骨文翻译成了简体汉字。"大老杨"也在那边为他们解说着。

其实，记忆古诗文并不难，对于常见的短小诗歌，如绝句和律诗等，我们可以采用思维导图关键词+绘图记忆的方法去记忆，步骤如下。

（一）整体感知

整体感知可以分为感知题目、感知作者和感知诗歌三个部分。通过题目，我们可以初步了解诗歌的写作时间、地点、人物、环境（景物）、事件、作者的心情等信息中的一点或者几点，以便于我们理解记忆诗歌。感知作者，我们可以通过对诗人的了解，对诗歌风格有一个初步的印象，对于那些不认识的诗人可以直接跳过。感知诗歌，主要看诗中是否有直接抒发作者情感的词汇。如果有，就可以直接提炼出来；如果没有，则需要通过意象、意境去体会。

（二）提取意象（诗歌关键词）

所谓意象，就是含有作者主观情感的客观物象。"意"是指想法、情感，"象"是寄托情感的事物，因此，意象就是主观情感与客观景物的统一，是我们理解诗歌的途径。

（三）转化图像

提取意象之后，我们需要在头脑中想象它的样子，想象出的图像越具体，越生动，越鲜明，就越能帮助我们回忆诗歌的内容。我们可以尝试让这些意象"动"起来，体会诗人在描写它们时的

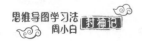
心情。当我们试着站在诗人的角度去选择意象时，就更能理解作者在写诗时所抒发的情感了。

（四）图像组合

最后一步，我们需要将这些图像进行有机组合，寻找它们之间的联系。如果有联系，我们就可以直接将它们组合在一起；如果没有表层的联系，而是存在深层次的情感联系，那么我们也可以借助一些情感引导线，将诗句联系起来。当我们将这些图像要素组合成一个画面时，就可以尝试背诵了。如果我们很快就背诵下来了，说明我们已经理解并掌握了诗歌营造的意境；如果我们感觉记忆还有一定的困难，则可以再丰富一下画面中的细节。

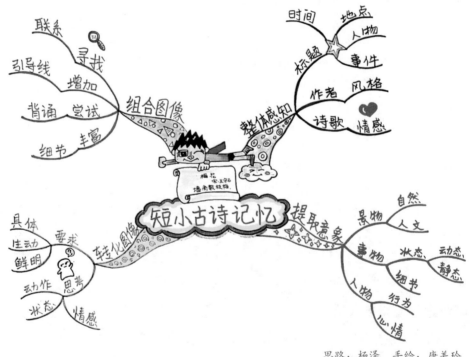

思路：杨泽　手绘：唐美玲

对于那些内容比较长的诗文，我们则需要掌握思维导图记忆法，步骤如下。

（一）通读全诗（文），整体感知

这一步骤与记忆短小的诗歌的第一步相同。

厘清层次，定主分支

根据我们对于诗歌的初步掌握，确定好思维导图的主分支。确定主分支时，我们需要提前梳理诗歌的写作顺序。**常见的诗歌写作顺序有时间顺序、空间顺序、心情变化、逻辑顺序等。**

抓取关键，填充细节

确定好主分支后，我们需要运用思维导图关键词法，提炼诗文中的关键词，然后结合BOIS（Basic Ordering Ideas）进行分类阶层化，简单地说，就是把复杂的信息按照类别、结构、层次的逻辑层层梳理，进一步填充思维导图的细节，最终完成思维导图的绘制。

复述强化，加小插图

绘制好导图后，我们可以根据导图内容复述诗文，来验证我们对诗文的记忆程度。如果可以完整复述，那么说明我们对诗文层次的划分与对关键词的提炼是准确且恰当的；如果不能完整复述，就需要我们重新选择关键词。对于那些特别重要或者难记的部分，还可以通过添加小插图的方法来强化记忆。

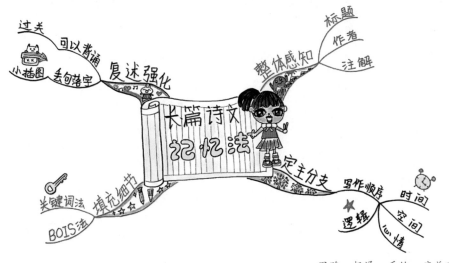

思路：杨泽　手绘：唐美玲

　　"小白，哪吒快到了，这些你都记下来了吗？"北冥神玉中"大老杨"的声音似乎越来越微弱了，"神玉的能量不足了，不知道你还能不能听到我的声音。"

"还听得到，不过，我不知道能不能都记下来。要是我背不下来，那可怎么办呀？"小白似乎对自己没有信心。

"我都记下来了，没问题，让哪吒来吧！"闻静站出来说。

"哈哈哈，太好玩儿了，太好玩儿了！洗个澡可真是舒服呀。"哪吒一边洗澡，一边用混天绫搅动着海水，只见海中央旋起一个个漩涡。"这水温太凉了，娘说洗凉水澡会感冒的，看我给它加热一下。"说着，哪吒掌中起火，火势一下子就蔓延到了整个海面。

此时的龙宫已经被哪吒弄得一片狼藉，虾兵蟹将先是感到天旋地转，接着都被煮熟了，一个个红通通地漂浮在海面上。龙王见大事不好，赶忙求助小白等人："特使大人，您快出去管管吧，再这样下去，连我这老龙王也要被这毛孩子煮熟啦！"

小白等人带着四星神石浮出水面，叫哪吒赶紧住手，不要再胡闹了。哪吒看到四个和他一般大的小朋友出来，以为是要和他一起玩儿的，开始还非常高兴，可仔细一听，原来是让他住手，便马上撅起嘴来："哼，哪里来的小孩儿，敢来找我哪吒麻烦？"

说着，哪吒便喷出火来，霎时间火光冲天，东海成为一片火海。但那四星神石一出，所有火焰便统统被吸收到了神石中，片刻间火焰便消失了。说来也奇怪，这原本海蓝色的神石吸收了火焰之后，变得通体火红，成为一颗红色的神石。

这是什么法宝？这么厉害！哪吒被吓了一跳，他发现自己好像不占上风，便灵机一动，说："想让我住手也不是不可以，嗯，我娘刚教我两首诗，我怎么都背不下来，如果你能背下来，而且把我教会，我就听你的。"

闻静和小白使了个眼色，意思似乎是说："小白，让我来吧！"小白点了点头，他对闻静充满信心。

闻静朗声说道："这有何难！让姐姐我好好教教你。"

关键词 + 绘图记忆法

江 雪
柳宗元

千山鸟飞绝，万径人踪灭。
孤舟蓑笠翁，独钓寒江雪。

一 整体感知

感知题目《江雪》，"江"提示了地点，"雪"提示了环境和景物，"江上之雪"给人一种凄冷之感。

感知作者，柳宗元是唐宋八大家之一，"唐代古文运动"的倡导者，苏轼赞许他"儒释兼通、道学纯备"。柳宗元非常善于通过营造意境，来表达自身的追求。此诗是他在被贬永州时所作的。如果不了解柳宗元的生平，则可以直接跳过。

感知诗歌，可以提炼意象：千山、飞鸟、幽径、孤舟、钓翁等。千山写出了背景之宏大，而飞鸟在千山中显得孤单且渺小，为后文写孤舟、钓翁做了铺垫。全诗描绘了一幅苍凉孤寂的江天雪景图。

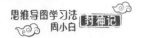

二 提取意象

本诗中的重要意象有千山、飞鸟、幽径、孤舟、钓翁等。

三 转化图像

先在脑海中想象重要意象的画面，再分别想象它们当时的状态与组合关系。

千山：提供广阔的大背景。

飞鸟：独自孤单地翱翔，在画面中显得很渺小。

幽径：小径上没有人的踪影，可以将人的踪影想象成脚印，没有人迹，故可先画上脚印，再打个"×"。不能什么都不画，什么都不画的话，"人踪灭"这个关键点就很容易被遗忘。

孤舟：因为题目是《江雪》，因此，孤舟应该画在江上，是孤零零的一条船。

钓翁：钓翁披着蓑笠，手中拿着钓竿，天空中飘着雪花。

（四）组合图像

　　根据图像，尝试背诵原诗，如果可以背诵下来，那么，恭喜你顺利过关；如果有记忆不清的地方，则可以通过添加图像或者动作的方法强化记忆。

思维导图记忆法

木兰诗

　　唧唧复唧唧，木兰当户织。不闻机杼声，唯闻女叹息。

　　问女何所思，问女何所忆。女亦无所思，女亦无所忆。昨夜见军帖，可汗大点兵，军书十二卷，卷卷有爷名。阿爷无大儿，木兰无长兄，愿为市鞍马，从此替爷征。

　　东市买骏马，西市买鞍鞯，南市买辔头，北市买长鞭。旦辞爷娘去，暮宿黄河边，不闻爷娘唤女声，但闻黄河流水鸣溅溅。旦辞黄河去，暮至黑山头，不闻爷娘唤女声，但闻燕山胡骑鸣啾啾。

　　万里赴戎机，关山度若飞。朔气传金柝，寒光照铁衣。将军百战死，壮士十年归。

归来见天子，天子坐明堂。策勋十二转，赏赐百千强。可汗问所欲，木兰不用尚书郎，愿驰千里足，送儿还故乡。

爷娘闻女来，出郭相扶将；阿姊闻妹来，当户理红妆；小弟闻姊来，磨刀霍霍向猪羊。开我东阁门，坐我西阁床，脱我战时袍，著我旧时裳。当窗理云鬓，对镜帖花黄。出门看火伴，火伴皆惊忙：同行十二年，不知木兰是女郎。

雄兔脚扑朔，雌兔眼迷离；双兔傍地走，安能辨我是雄雌？

一 通读全诗（文），整体感知

感知题目，《木兰诗》为北朝民歌，是我国古代"乐府双璧"之一，与《孔雀东南飞》齐名，写的是花木兰代父从军的故事。感知作者，作者佚名，直接跳过。感知诗歌，诗歌按照时间的顺序叙述了木兰出征前、征战中和征战后的场面和故事。

二 厘清层次，定主分支

第一部分：从"唧唧复唧唧"到"北市买长鞭"，描写了花木兰从军的原因及出征前的准备。

第二部分：从"旦辞爷娘去"到"壮士十年归"，描写了花木兰征途中的艰辛及战争的残酷。

第三部分：从"归来见天子"到"安能辨我是雄雌"，描写了花木兰征战归来后受到的礼遇，以及换上旧时衣装后战友们的反应。

（三）抓取关键，填充细节

确定好主分支和内容范围之后，我们要进一步细读文本，寻找关键词。

出征前，可以分为三个部分。一是得知消息后的发愁；二是发愁后的决定；三是出征前的准备。

征战中，可以分为两个部分。一是征途中所见之景，为描写战争惨烈的场面做铺垫；二是战争的场面和战场上发生的事情。

征战后，可以分为五个部分。这五个部分分别是从不同人物的角度入手来对木兰征战归来进行描写。一是写天子的反应；二是写家人的反应；三是写木兰自己回家后的行为细节；四是写战友们得知真相后的惊讶表现；五是写世人对木兰的赞叹。

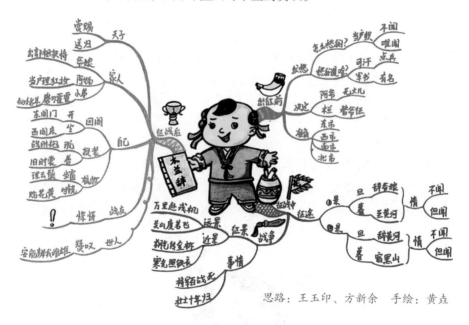

思路：王玉印、方新余　手绘：黄垚

（四）复述强化，加小插图

绘制好导图之后，我们可以根据导图对原文进行复述。复述时可以先从整体入手，再进行细节的补充，按照从主分支到次分支的顺序逐层展开回忆。这样有助于我们理解和体会文章的写作思路，对我们转化文章很有帮助。

在回忆细节时，我们可能会遇到一些小麻烦。例如，"南市买辔头"这句，大家对"辔（pèi）头"这个东西比较陌生，在回忆的时候很容易忘记。通过查字典，我们知道"辔头"就是马嚼子和马缰绳，所以，我们就在"南市"旁边加了一个小插图来强化记忆。这样我们在回忆的时候就不容易忘记了。

哪吒听了闻静的讲解后，非常惊讶："你是哪里来的小姐姐，怎么如此厉害！我回家要和我娘说，让你给我做老师！"闻静一听哪吒服气了，赶忙说道："既然要拜师，那还不行礼？！"

哪吒一看这个小姐姐是要收自己为徒，一想到自己以后背诵古诗文时再也不用发愁了，连忙跪在闻静脚下："师父在上，请受徒儿一拜！"

闻静看大难已经平息，但又怕哪吒没事又出来捣乱，心生一计，说道："好徒弟，既然已经拜师，那就得完成老师留的作业。回去后用我今天教你的方法背诵《凉州词二首·其一》和《桃花源记》！"

"妈呀！这，师父，您怎么比我娘还狠？"

小白等人听了哪吒和闻静的对话之后，都忍不住哈哈大笑起来。

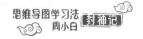

请用图像记忆的方式背诵《凉州词二首·其一》，用思维导图绘制《桃花源记》。

凉州词二首·其一
王翰

葡萄美酒夜光杯，欲饮琵琶马上催。
醉卧沙场君莫笑，古来征战几人回？

桃花源记

晋太元中，武陵人捕鱼为业。缘溪行，忘路之远近。忽逢桃花林，夹岸数百步，中无杂树，芳草鲜美，落英缤纷，渔人甚异之，复前行，欲穷其林。

林尽水源，便得一山，山有小口，仿佛若有光。便舍船，从口入。初极狭，才通人。复行数十步，豁然开朗。土地平旷，屋舍俨然，有良田、美池、桑竹之属。阡陌交通，鸡犬相闻。其中往来种作，男女衣着，悉如外人。黄发垂髫，并怡然自乐。

见渔人，乃大惊，问所从来。具答之。便要还家，设酒杀鸡作食。村中闻有此人，咸来问讯。自云先世避秦时乱，率妻子邑人来此绝境，不复出焉，遂与外人间隔。问今是何世，乃不知有汉，无论魏晋。此人一一为具言所闻，皆叹惋。余人各复延至其家，皆出酒食。停数日，辞去。此中人语云："不足为外人道也。"

既出，得其船，便扶向路，处处志之。及郡下，诣太守，说如此。太守即遣人随其往，寻向所志，遂迷，不复得路。

南阳刘子骥，高尚士也，闻之，欣然规往。未果，寻病终，后遂无问津者。

第六章

子牙下山 小白传话
思维导图输出法

神 将	龙吉公主（文曲星）
道 具	五星神石（青）

事件

青年子牙下山，申公豹暗害子牙，龙吉以五星神石助子牙脱险。小白告知事情原委，子牙看清申公豹真面目。

青年子牙和申公豹是元始天尊座下同门师兄弟，因为二人都是孤儿，从小感情一直很好。子牙便想约师弟一起下山，辅佐明君，建功立业。可是申公豹一直觉得师父偏心子牙，明明子牙各方面都不如他，却可以得到师父器重，便想方设法暗害子牙。这一次，申公豹想将子牙置于死地，幸亏龙吉公主用五星神石的力量帮助子牙脱险。龙吉公主原为天仙，乃昊天上帝之女，瑶池金母所生，聪明伶俐，智慧过人。后来，龙吉公主和姜子牙共同为武王效力，成为封神故事中著名的女将。

叙述技巧（写作技巧）

"师弟，你看师父教我的掌心雷，我终于学会了！"姜子牙开心地对师弟申公豹说。青年子牙并不是个聪明的徒弟，这个小法术，子牙整整学习了两个星期，而师弟申公豹不到两个小时就已经将此掌法用得很熟练了。

"哈哈，恭喜师兄，贺喜师兄，终于学会了掌心雷！有进步哦，有进步！"申公豹阴阳怪气地说。他在同门之中最看不起的就是姜子牙。姜子牙年纪虽比别人大，但头脑愚钝，学东西特别慢，而且有着牛一样犟的脾气，只要学就一定要学会。所以，子牙经常麻烦申公豹，缠着他指导法术。申公豹都要被他烦死了，可因为姜子牙是师兄，申公豹也没有办法拒绝，因此经常变着法地挖苦姜子牙。不过，子牙不但听不出来，还和申公豹走得越来越近。

"哈哈哈，多谢师弟，多亏了有你啊！你真是我最好的兄弟！将来我们学成法术，就一起下山辅佐明君，匡扶天下。"子牙高兴地说。

可申公豹心想，哼，要是真和你一起下山，师父肯定又要偏心，到时候风头都被你占了，就没我什么事了。这时，他心生毒计，不如在下山之前……

"师兄，师兄，我听说百里之外的白蛇谷是个修炼掌心雷的好地方。我看你的掌心雷现在也只有三等的水平，不如我和你去那谷中闭关修炼，到出关时，你定能达到一等的水平。"申公豹假笑道。

"好呀！好呀！你真是我的好师弟！我们现在就去吧。"子牙对即将到来的

危险浑然不知。

转眼间，两个人便到了白蛇谷。这白蛇谷终年毒雾缭绕，瘴气丛生，常有白蛇成群出没。但正因如此，鲜有人至，很多仙家神道以此处为修炼圣地。可在这里，切不可出现火雷，因为瘴气一旦遇到雷电就会被引燃，产生爆炸，而白蛇受到惊扰，便会攻击外敌。

北冥神玉发出了幽幽的绿光，将这一切都告诉了小白等人。小白心想：丞相啊丞相，你年轻的时候怎么如此糊涂啊！可小白干着急，却束手无策，忙问神玉："现在怎么办？我们要救丞相呀！如果他让申公豹害死了，那西岐就完了，我们便再也回不去了。"

北冥神玉闪烁了两下光，对小白说："小白，为今之计，只有龙吉公主可以救丞相了。龙吉公主手中有五星神石，可以吸收雷电，化解这场危机。"

"那还等什么？咱们快去找龙吉公主呀，怕再晚就来不及了！"三多听了之后，急不可耐。

"潘三多，你总是这么着急！"北冥神玉的声音再次响起，"小白，龙吉公主为昊天上帝之女，是天上的神女，你们劝说她去救姜子牙，一定要注意叙述技巧！"

"技巧？要用什么技巧？"大家异口同声。

神玉继续说道："你们是否还记得'大老杨'的语文课？我，我快支撑不住了，让'大老杨'来给你们讲解吧。"

"小白，你们怎么样啦？"神玉中传来"大老杨"的声音。

"老师老师，神玉说要成功劝说龙吉公主去救姜子牙，就必须掌握叙述技巧。这叙述技巧是什么呀？"

"一看你上课就没认真听讲，所谓'文似看山不喜平'，我们讲话也是一样，没有技巧，讲起话来就是平铺直叙，别人自然很难听进去。要把故事讲得生动形象，打动人，就要做到'起承转合'！"

元代范德玑的《诗格》提出"作诗有四法：起要平直，承要春容，转要变化，合要渊永"。

"起"是说我们在讲一件事的时候，不要一下子进入主题，可以使用比喻或者类比等手法，先说其他的内容，为后面真正想说的话做铺垫。

"承"是"起"的延续，要有意识地寻找既能承上又能启下的元素。

"转"是从一个方面转向另一个方面，可以是由景转情，也可以由叙事转向说理，还可以是心情上、逻辑上或事实上的转变，从而引出自己真正想说的话和想表达的情感。

"合"是自己真正想说的话和真正想表达的情感，可以和前面讲的内容相照应，可以收束全篇，也可以将自己的立意和情感进行升华。

操作示范 起承转合

古诗中的"起承转合"

悯农·其二

李绅

锄禾日当午，
汗滴禾下土。
谁知盘中餐，
粒粒皆辛苦。

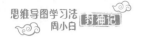

起："锄禾日当午"，写农夫在田里劳作的场景。

承："汗滴禾下土"，写农夫辛苦耕作的程度。

转："谁知盘中餐"，从耕作的场景转到盘中的食物。

合："粒粒皆辛苦"，点明中心，说明劳动艰辛，收获不易，让人们尊重劳动，爱惜粮食。

思路：杨泽　手绘：张柏源

古文中的"起承转合"

记承天寺夜游
苏轼

　　元丰六年十月十二日夜，解衣欲睡，月色入户，欣然起行。【起】念无与为乐者，遂至承天寺寻张怀民。怀民亦未寝，相与步于中庭。【承】庭下如积水空

84

明，水中藻荇交横，盖竹柏影也。【转】何夜无月？何处无竹柏？但少闲人如吾两人者耳。【合】

译文：元丰六年十月十二日夜晚，我正脱下衣服准备睡觉，恰好看到月光照进门里，不由得生出夜游的兴致，于是高兴地起身出门。想到没有可以共同游乐的人，就到承天寺寻找张怀民。张怀民也还没有睡，我俩就一起在庭院中散步。庭院中的月光宛如积水那样清澈、透明。水中好像有水草纵横交错，原来那是庭院里的竹子和松柏树枝的影子。哪个夜晚没有月亮？哪个地方没有竹子和柏树呢？只是缺少像我们两个这样清闲的人罢了。

起：交代了夜游的时间、人物和起因。

承：承接上文，引出夜游的地点（承天寺）和夜游的伙伴（张怀民）。

转：由叙事转为写景，写夜游所见的美好景色。

合：表明诗人的情感和文章的中心，即生活中并不缺少美景，而是缺少欣赏美景的心境。结合作者被贬黄州的创作背景进行分析，此处一是对在官场中追名逐利、趋炎附势的小人的讽刺，他们哪里有时间和心情来领略这清虚冷月的仙境；二是表现了诗人安闲自适的心境，其中也透出了作者不能为朝廷尽忠的遗憾。

思路：杨泽　手绘：张荔涵

85

现代文中的"起承转合"

西门豹治邺

战国时期，魏国的国君派西门豹去管理漳河边上的邺县。西门豹到了那个地方，看到田地荒芜，人烟稀少，就找了位老大爷来，问他是怎么回事。【起】

老大爷说："都是河神娶媳妇给闹的。河神是漳河的神，每年要娶一个年轻漂亮的姑娘。要不给他送去，漳河就要发大水，把田地全淹了。"

西门豹问："这话是谁说的？"

老大爷说："巫婆说的。地方上的官绅每年出面给河神办喜事，硬逼着老百姓出钱。每闹一次，他们要收几百万钱，办喜事只花二三十万，多下来的就跟巫婆分了。"

西门豹问："新娘是哪儿来的？"

老大爷说："哪家有年轻的女孩，巫婆就带着人到哪家去选。有钱的人家花点儿钱就过去了，没钱的只好眼睁睁地看着女孩被他们拉走。到了河神娶媳妇那天，他们在漳河边放一条苇席，把女孩打扮好了，让她坐在苇席上，顺着水漂去。苇席先还是浮着的，到了河中心就连女孩一起沉下去了。有女孩的人家差不多都逃到外地去了，所以这地方人口越来越少，也越来越穷。"

西门豹问："那么漳河发过大水没有呢？

老大爷说："没有发过。倒是夏天雨水少，年年干旱。"西门豹说："这样说来，河神还真灵啊。下一回他娶媳妇，请告诉我一声，我也去送送新娘。【承】

到了河神娶媳妇的日子，漳河边上站满了老百姓。西门豹带着卫士，真的来了，巫婆和官绅急忙迎接。那巫婆已经七十多岁了，背后跟着十来个穿着绸褂的女徒弟。

西门豹说："把新娘领来让我看看。"巫婆叫徒弟把那个打扮好的姑娘领了来。西门豹一看，女孩满脸泪水。他回过头来对巫婆说："不行，这个姑娘不漂亮，河神不会满意的。麻烦你去跟河神说一声，说我要选个漂亮的，过几天就送去。"说完，他叫卫士架起巫婆，把她投进了漳河。

巫婆在河里扑腾了几下就沉下去了。等了一会儿，西门豹对官绅的头子说："巫婆怎么还不回来，麻烦你去催一催吧。"说完，又叫卫士把官绅的头子投进了漳河。

西门豹面对着漳河站了很久。那些官绅都提心吊胆，大气也不敢出，西门豹回过头来，看着他们说："怎么还不回来，请你们去催催吧！"说着又要叫卫士把他们扔下漳河去。

官绅一个个吓得面如土色，跪下来磕头求饶，把头都磕破了，直淌血。西门豹说："好吧，再等一会儿。"过了一会儿，他才说："起来吧。看样子是河神把他们留下了。你们都回去吧。【转】

老百姓这下都明白了，巫婆和官绅都是骗钱害人的。从此，谁也不敢再提给河神娶媳妇，漳河也没有发大水。

西门豹发动老百姓开凿了十二条渠道，把漳河的水引到田里。庄稼得到灌溉，年年都获得好收成。【合】

起：介绍事情发生的时间和背景。写西门豹看到邺县田地荒芜，人烟稀少，寻找原因。

承：承接上文西门豹的疑惑，借老大爷之口给出答案"都是河神娶媳妇给闹的"。西门豹说想去"送新娘"为后文惩治巫婆和官绅做铺垫。

转：事情发展出现转折。西门豹用新娘不漂亮的借口，把巫婆和官绅头子投进了漳河中，巧妙地戳穿了贪官们的阴谋。

合：写西门豹为邺县开凿渠道，让庄稼得到灌溉，农民都有了好收成。

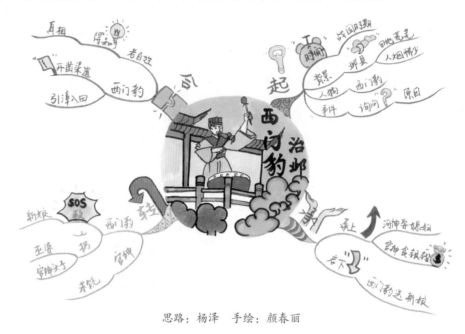

思路：杨泽　手绘：颜春丽

"大老杨"为小白等人讲解了"起承转合"的文章逻辑之后，大家恍然大悟，原来说话和写文章还可以这样啊。怪不得之前讲话，别人都不容易接受，原来是因为铺垫得不够好，自己的观点也不够突出，理由并不充分，所以人家有时候还没有听完，就已经误会了我们的想法。

运用思维导图创意输出的方法，小白等人成功说服了龙吉公主。龙吉公主运用五星神石的力量，吸收了白蛇谷的雷电。本以为事情到这里就解决了，可没想到的是，姜子牙依然不相信申公豹是那个害自己的人。任龙吉如何解释，姜子牙就是不听。没办法，龙吉公主只能回来向小白等人汇报。

"猴子"眼珠一转，连忙说："这个我擅长，小白，让我去和姜子牙说吧。我想，我已经掌握了这个叙述技巧。"说着，"猴子"用思维导图为大家讲解了他的思路。

思路：杨泽　手绘：张荔涵

　　"不愧是'猴子'，就是机灵呀！"听"猴子"说完，小白不禁夸赞一番。没想到，"猴子"能够活学活用，竟然用"起承转合"制订了这么严密的说服计划。可是，要怎样才能见到姜子牙，并把要说的话告诉他呢？最终，大家一致认为写信是最好的方法。这封给姜子牙的信是这样写的。

致未来大周丞相姜子牙的一封信

亲爱的子牙：

　　展信佳，见字如面！我是受未来大周丞相姜子牙委托来帮助你的陈凯，可我和我的朋友却被你当成奸细关了起来。我们来自未来，知道关于你的很多事情。其中有一件非常重要的事情，我一定要告诉你。你看管的法宝盘古幡会被

人偷去，你师父元始天尊因此大发雷霆，取消了本应该属于你的神位。

请你想一想，如果有人偷这个法宝，那会是谁呢？据我所知，这个人很可能就是你的师弟申公豹。你或许认为这不可能，你们是同门师兄弟，他经常在学习上帮助你，而且偷盘古幡这样大逆不道的事情，他不可能犯险去做。

但我还是要说，他是那个最有可能也最会做这件事的人。他野心勃勃，诡计多端，一直在寻找机会下山，想投靠暴虐的纣王。要得到纣王的赏识，他必须有可以打胜仗的法宝，这样才能打败西岐大军，享尽荣华富贵。首先，他千方百计靠近你，获得你的信任；然后，他会趁你没有防备的时候偷走盘古幡，下山投靠纣王，用它来和西岐大军作战，让百姓处于水深火热之中；最后，你师父看到这个情况之后，雷霆大怒，不仅怪罪申公豹，收取了他的法力，还迁怒于你，怪你玩忽职守，取消了本应该属于你的神位。

因此，未来的你派我们来告诉现在的你，一定要提防申公豹，不要让他得逞。未来的姜丞相封我为北斗右使护卫，而周小白是北斗侦缉特使，我们有法宝为证，快快放我们出去，不要耽误了大事。

此致
敬礼

你的朋友：陈凯
公元前1128年

没想到，"大老杨"教的**书信格式**在这里派上了用场。小白等人通过侍卫把信送到了姜子牙手中。姜子牙看了信之后，觉得"猴子"说得有理有据，终于相信了龙吉公主的话。

谁的错？

大灰驴的孩子得了重病，需要赶快去请猴大夫，可是让谁帮忙跑一趟呢？正当灰驴犯愁的时候，小白兔自荐道："驴大嫂，我替你跑一趟吧。"

"驴大嫂，还是我去比较好。"乌龟傲声傲气地说，"我比兔子跑得快，上次龟兔赛跑，我是冠军呀。"

大灰驴没看比赛，不清楚龟兔赛跑的详情，不过她听乌龟说得有理有据，便让乌龟去请猴大夫了。大灰驴等呀等呀，从中午等到天黑，又从天黑等到天明，也没见到猴大夫的身影。等到乌龟把猴大夫领进门的时候，驴崽子已经断气一个多时辰了。

大灰驴痛哭流涕地埋怨猴大夫："你怎么现在才来呀？我孩子的病让你给耽误了……"

"我接到信就来了，没耽误一步。"猴大夫说。

大灰驴埋怨乌龟道："那就是你给耽误了。"

乌龟说："我一路没停脚，已经尽全力了。"

"别说了，驴大嫂，是你自己害了你的孩子。乌龟一步爬不了二指远，你怎么可以让他去送信呢？"猴大夫说着，看了一眼低头不语的小白兔，"小白兔

是有名的飞毛腿，你该让他去叫我呀！"

　　大灰驴哭得更厉害了："我原想，乌龟既然是冠军，肯定就跑得比较快。谁知……"

　　请根据"起承转合"的逻辑划分这篇文章的层次，并说明这样划分的理由。

第七章

鹿台遗恨 系统管理
思维导图复习法

| 神 将 | 比干（太阳星） |
| 道 具 | 六星神石（蓝） |

事件

鹿台建成，妲己邀群妖进宫，众妖身份被比干、黄飞虎识破。在小白的建议下，比干一举拿下轩辕坟，策反部分小妖。

为了更好地满足妲己的贪欲，纣王下令修建鹿台。鹿台竣工后，妲己想让自己的姐妹们一同进宫享乐，便想了个办法：让众妖变成仙子的模样。比干见到天上的"仙子"纷纷下凡来到鹿台，甚是惊讶，连忙给她们倒酒行礼。酒过三巡，狐狸精们原形毕露，妲己担心自己的身份暴露，连忙叫人驱散宾客。这一切被比干看在眼里，他知道了妲己是狐狸精变的。比干既自责又愤怒，找到侦缉特使小白。小白告诉比干不能打草惊蛇，要用思维导图复习法收集狐狸精的证据，并对它们进行系统管理。于是，比干便尾随狐狸精们到了轩辕坟，用六星神石的力量，降服了众妖。小妖们纷纷投降求饶，表示再也不跟着妲己做坏事了。

"恭喜大王，贺喜大王，鹿台终于建成啦！北伯侯崇侯虎兴建鹿台有功，一定要重重有赏啊！"妲己听到鹿台建成，高兴得不得了。

"有赏，有赏，哈哈哈，一定重重有赏！"纣王一想到鹿台建成之后，自己又有了一处玩赏佳处，不禁喜从中来。纣王忽然想起妲己说过，鹿台建成之时，便会有天上的仙子降临，便问道："爱妃啊，上次你说的仙子何时才能驾临呢？"

妲己本是随口一提，没想到纣王一直记着这件事呢，于是急中生智，想让轩辕坟的那些姐妹也来享受一下王宫的荣华富贵，趁机炫耀一下。"大王，待月圆之夜，我便召唤仙子下凡，祝贺大王鹿台建成！"

转眼间，月圆之夜便到了，纣王下令在鹿台大摆宴席，恭迎仙子降临。比干本来并不相信妲己的话，心想，天上的仙子怎么会贪恋人间的宴席。可没想到的是，午夜时分，突然狂风大作，云雾四起，遮住了明月，云雾中出现一群仙子，个个貌美如花。

仙子们来到纣王面前，一一行礼，拜见纣王和妲己。比干更是纳闷，为何这些仙子要给凡人行礼呢？但见仙子们鸾姿凤态，却又不敢怠慢，赶紧斟酒倒茶。这些假扮仙子的狐狸精哪里见过这金碧辉煌的宫殿，哪里饮过这美味的御酒，没喝几杯便纷纷醉倒在地，露出了狐狸尾巴。这一切都被比干看在眼里，他终于明白了事情的真相。

比干假装不胜酒力，趁机溜出鹿台。路上正好碰到大夫梅伯和武成王黄飞虎，便将事情原委详细告知了他们二人。黄飞虎克制不住火爆的脾气，大怒道："让我带上三百禁军，冲进鹿台，把这些妖精杀他个片甲不留！"大夫梅伯比较冷静，想了想说："武成王万万不可，如果妲己那妖人怪罪下来，大王是不会放过我们的。依我之见，我们还是去问问司服周小白周大人吧，看看他有没有更好的办法！"

【第二章中讲了周小白用思维导图技法破解炮烙花纹之后，深得妲己赏识，妲己想将其收为己用。闻静将计就计，让小白在纣王手下做了司服，专门为纣王妲己设计日常娱乐用品，同时收集朝歌的信息，为歼灭妖狐做长久打算。小白救了梅伯之后，不断团结朝歌有识之士，为助周灭商做准备。】

比干、梅伯、黄飞虎三人一同前往周小白住处，深夜探访周小白，没想到小白已恭候三人多时了。

小白手持封神册，站在庭院正中央，见到三人神色匆匆，面露难色，便问道："三位大人可是为鹿台妖狐之事前来？"三人听到小白这一问，不由得心中一惊，心想：这小白大人果然是神人呐！

"正因此事，想必大人神机妙算，已经知道了事情原委，快想想对策吧，否则，大商就要毁在这群妖狐手中啦！"比干焦急地说。

小白心想：我这哪是什么神机妙算啊！电视剧《封神榜》我都要看过几百遍了，你们要说什么我能不知道么！幸亏我提前求助北冥神玉，给你们想好了对策。

黄飞虎看小白低头不语，暴脾气又上来了："哎呀，白大人，您倒是说话呀！"梅伯赶紧从旁拉住黄飞虎，低声说："武成王，大人姓周，叫小白。"武成

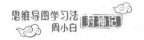

王这一着急，把小白的姓都搞错了。

　　小白对三人说道："三位大人不必惊慌，我自有办法。对于这些狐狸精，倘若一把火把它们烧死，必将激怒妲己。妲己必怀恨在心，并找借口加害你们。我们要借六星神石的力量对这些妖狐进行系统管理，让它们为我们所用，为我们收集妲己的罪证。"

　　"系统管理？什么意思？"三人异口同声地问道。别看小白年纪小，但因为救过梅伯，又为人正直、处世果断、在朝中团结有识之士，故受到大家的敬重。可就是经常说出一些大家听不懂的话，也正因为如此，大家一直觉得周小白是一个神秘的人物，而小白也很享受大家对他的崇拜。

　　"我原来上学的时候，老师经常要考我们，一考试我就特别头疼。所以，我们老师就教给我们一种系统复习法，我们可以用这种复习法管理这帮妖狐，让它们为我们所用。"三人根本听不懂小白的话，但是又莫名地觉得他说的方法很厉害，边听边不断地点头。

　　"大老杨"说，系统复习是优等生和中等生产生分数差别的重要原因。成绩中等的学生记住的往往是零散的知识点，而优等生则会在头脑中构建强有力的知识体系。系统复习四步法则是帮助我们建立这种知识体系的有力武器。

复习准备：牢记复习策略和复习利器

（一）牢记复习策略

　　根据艾宾浩斯遗忘曲线可知，遗忘会在学习之后立即发生，而且遗忘的进程是不均匀的。开始的时候遗忘速度很快，以后会逐渐变慢。因此，我们花费同样的力气学习同样的知识后，没有复习、不合理安排复习与合理安排复习这三种情况产生的差别非常大。掌握科学复习方法的同学，可以通过巧妙地安排复习计划而达到事半功倍的效果；没有掌握复习方法的同学，往往投入很多时间和精力，却达不到期待的效果。

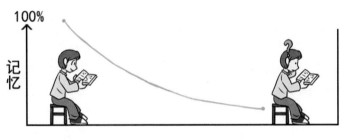

　　我们在制订复习计划的时候，一定要分阶段，花最少的时间让复习效果最大化。我们可以根据艾宾浩斯遗忘曲线，分三个阶段（小复习、中复习、大复习）进行复习。

　　小复习：课后、睡前必复习。每节课下课后，用5分钟时间在头脑中回顾本节课的知识点，遇到不理解的地方马上整理出来并去问老师。每天睡觉前，在头脑中像放电影一样，回顾当天的知识点，第二天晚上尝试回顾前一天的知识点，看看哪些还记得，哪些已经忘记了。把忘记的知识点整理出来进行强化。

　　中复习：周六、周日必复习。每个周末将本周学习的知识进行复习整理，由于已经有了小复习的习惯，因此周末的中复习并不会花费太多时间。但中复习却有着非常重要的作用，它可以帮助我们及时查漏补缺。周末我们的时间比较充裕，也可以绘制思维导图对知识点进行梳理。绘制思维导图的方法，下文会讲到。

　　大复习：月末、考前必复习。每个月月末和大考之前，我们可以拿出之前做过的思维导图进行复习。大复习的重点在于发现知识点之间与学科之间的关系，打通系统内在的联系。这时

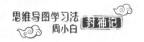
候我们可能会发现一些之前没有关注到的问题，这些问题往往属于宏观思考，对我们构建系统思维很有帮助。

🔒 准备复习利器

"工欲善其事，必先利其器。"我们在复习前需要准备好**复习三大利器**，以保证我们在复习过程中可以战无不胜。这三大利器分别是积累本、复盘本和例题集。

积累本：主要用于积累学习过程中的灵感与心得。在复习文科类的知识时，可以积累语言素材和经典片段，对训练写作会有很大帮助。在复习理科类的知识时，可以积累课堂收获和课上老师讲解的重点，有助于我们课下回忆例题的分析过程。

复盘本：主要用于收集平时训练和考试中的一些错题，并对错题进行系统反思。"复盘"一词原是围棋术语，也称"复局"，原指对弈完成后，复演该盘棋的过程，来检查对弈中招式的优劣。在复盘过程中，我们可以自我反思，也可以请高手指点，以达到精进技艺、提高水平的目的。复盘不仅仅是对错题的整理和重做，还是对一系列过程系统的反思。关于复盘法，在后面的章节中会重点讲解。

例题集：主要用于收集典型例题，分析例题的提问方式与背后的考点。此处讲的例题集不是市场上可以买到的现成的练习册，而是经过自己思考整理的"个人定制例题集"。尤其是在学习理科类学科时，弄清楚每个知识点的相关例题和例题背后的考点，对于我们在考试中破题制胜非常重要。

有了复习策略和复习利器后，我们再进行复习，就可以抓住重点，做到把书读薄。

构建导图：两种不同的构建方法

明确了战略，选择好利器，接下来我们就需要排兵布阵了。思维导图如同行军打仗的作战图，让我们可以迅速掌握整个战局。对于不同性质的科目，我们可以采用不同的方法来建构思维导图。

🔒 发散式构图法

对于有明确大纲的学习内容，我们可以采用发散式构图法。发散式构图法是以重点概念为中心图，以知识大纲为主分支的一种思维导图构建方法，采用的是从中心到四周、从宏观到微观的思考方式。构建步骤如下：

（1）定中心图；

（2）定主分支；

（3）完善细节；

（4）寻找联系。

　我们在对教材内容进行复习的时候，可以借助目录来进行发散式构图。这里我们以部编版《数学（三年级上册）》为例为大家进行演示。

1. 定中心图

中心图就是"三年级数学（上）"。

2. 定主分支

我们需要对目录中的学习内容进行分类，可以分成"时间""测量""数字""运算""形状""集合（数学广角）"6 个部分。常见的误区是，大家看到目录后，认为目录就是分支，因此将这本书的主分支定为 10 支。这样的分法只是将目录换了一种形式，本质上并没有帮助我们对学习内容进行归纳和梳理。

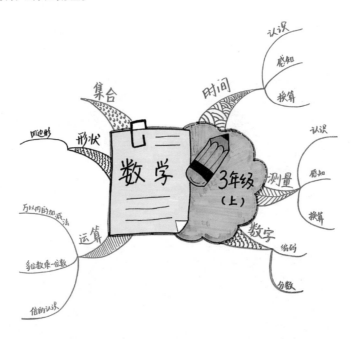

3. 完善细节

根据所学的内容对主分支进行完善。

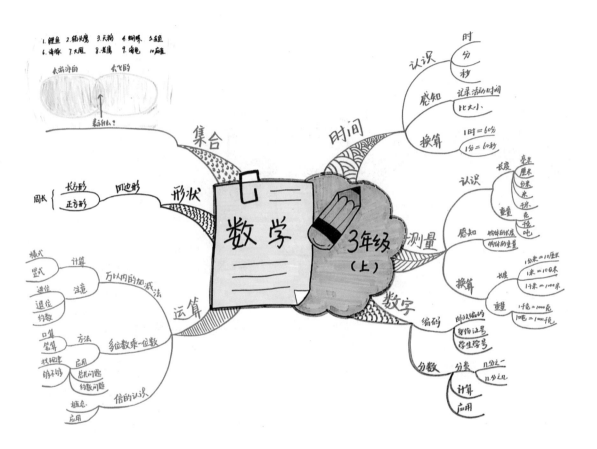

4. 寻找联系

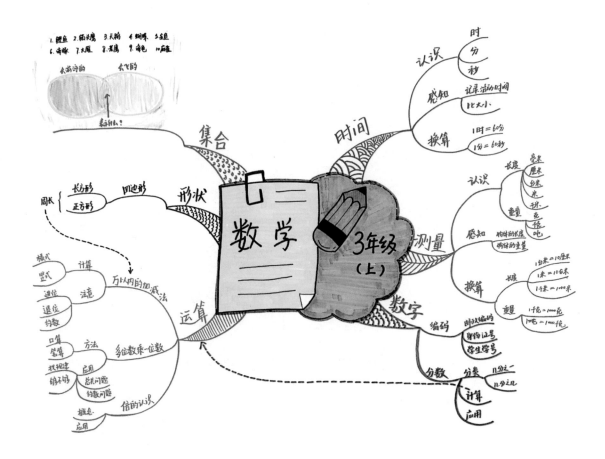

思路：杨泽　手绘：张艾茹

（二）归纳式构图法

对于大纲不明显的知识，可以采用归纳式构图法。归纳式构图法采用的是从四周到中心、从微观到宏观的思考方式，操作方法如下：

（1）画子导图；

（2）寻找联系；

（3）梳理逻辑；

（4）建立系统。

在复习的时候，如果没有教材在身边，我们就可以采用归纳式构图的方法来复习。

1. 画子导图

先根据我们的记忆，回忆学过的知识点，并将它们都写出来。要注意，这些知识点可能是零散的。

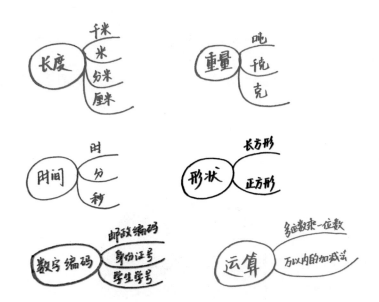

2. 寻找联系

寻找知识点之间的联系，看看哪些知识点可以归到一个类别中。在归类的过程中，我们常常会回忆起新的知识点。例如，长度和重量可以归纳到测量中，编码和数字有关，由数字又想到了分数这个知识点，均可以添加进去。

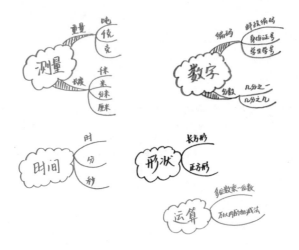

3. 梳理逻辑

将已经归纳好的部分分支，汇聚成带有中心图的思维导图。此时的导图已经有了雏形。

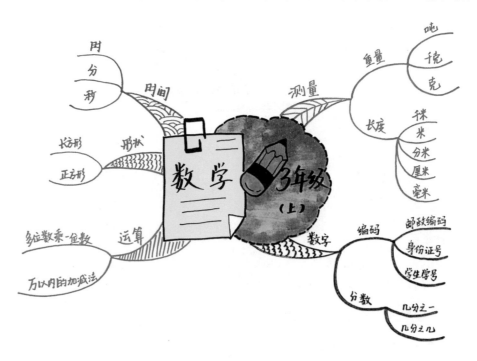

4. 建立系统

继续完善导图，看看还可以触发哪些联想，将想到的知识点补充进去，并且添加联系。

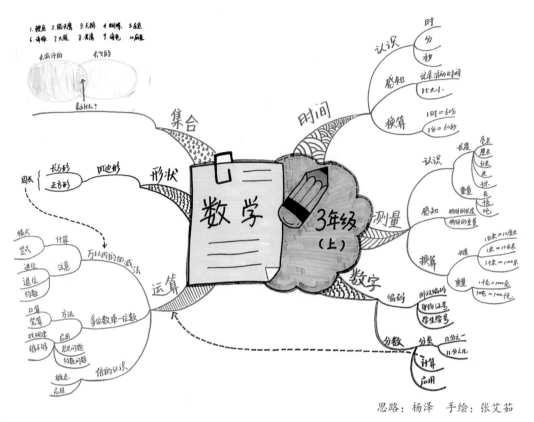

思路：杨泽　手绘：张艾茹

发散式构图法和归纳式构图法是两种不同的逻辑思维方式，在绘制思维导图的过程中，我们可以将二者交互使用。这样不仅可以训练我们的逻辑思维能力，还可以提升我们的复习效率。

费曼复习法：能说出来才是自己的

"费曼复习法"又称"费曼学习法"，是物理学家理查德·费曼使用的一种学习方法，被很多人认为是一种终极学习法。费曼本人是一个"学霸"，曾就读于麻省理工学院（MIT），还曾是加州理工学院最受欢迎的教师之一。他讲的物理课场场学生爆满，没有一个学生打瞌睡。他

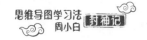

是如何做到的呢？费曼特别擅长将一个复杂的知识点拆分成若干个小知识块，然后逐个攻克，最终填补所有的知识缺口。他还会通过教授他人的方法，加深自己对于知识的理解。他曾经说过，要是不能把一个科学概念讲得让一个大学新生也能听懂，就说明我自己对这个概念也是一知半解。

1. 知识分解

"世上无难事，只要肯细分。"世上再复杂的事物都可以被拆分成若干个简单、可操作的部分。我们在学习一个复杂的知识体系时，会遇到很多概念和原理，运用思维导图的发散思维与分类思维对知识体系进行拆分，梳理知识点之间的内在逻辑，针对难懂的环节逐个击破，有助于理解和记忆知识。

2. 导图记录

用思维导图的形式，将要理解的知识点进行记录。为什么要用思维导图呢？因为人类大脑能够同时处理的信息非常有限。美国心理学家米勒教授提出了著名的"魔力之七"理论，该理论表明，人类大脑只能同时处理 7 ± 2 个单位的信息。如果超过这个范围，大脑处理信息的效率就会降低，因此，我们需要借助"外脑"来进行记录。思维导图分支的设定不超过 7 个，也遵循了"魔力之七"的原理。使用思维导图记录要点，相当于为我们的大脑装了一个强大的外挂存储器。

3. 消化理解

伟大的教育家皮亚杰认为，学习不是知识的传递，而是结网。学习者将自己原有的知识网络慢慢拓宽和更新，将别人的知识（来自外界的新知识）转化为自己的知识。通过思维导图记录与整理，我们可以更加系统、全面地理解知识点，发现知识之间的联系，进而发现更多之前没有察觉的问题。这个时候我们可以通过寻找相关资料或者请教老师等方法，解决这些问题，促进我们对知识的消化和理解。

4. 教授他人

美国著名学习专家爱德加·戴尔在 1946 年首次提出了"学习金字塔"理论，该理论显示，随着学习者学习方式的改变，学习效果呈现出明显的变化，知识的平均留存率从塔尖的 5% 逐渐增大到塔基的 90%。学习金字塔理论直观而形象地告诉我们："愈分享愈收获"。

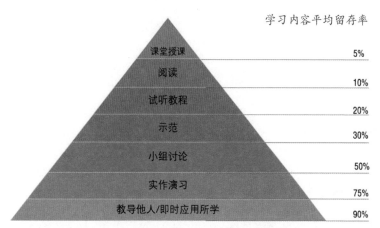

学习内容平均留存率

课堂授课	5%
阅读	10%
试听教程	20%
示范	30%
小组讨论	50%
实作演习	75%
教导他人/即时应用所学	90%

教授他人是费曼复习法中的一个关键环节。具体操作方法为，假设我们是一位老师，现在正要将这个知识点或者知识专题教给一名新生，而这个学生之前对这个知识一无所知。想一想我们要如何做，把操作步骤记录下来。

在这个过程中，我们可能会碰到难题或者感到疑惑。这个时候不要着急往下走，要回过头来把难题搞清楚。当觉得自己解释得不够生动形象或者解释得难以令人理解时，尝试返回去思考如何用更加简单、直白的语言解释它，或者找一个恰当的比喻让别人更好地理解我们所说的意思。

当然，如果有条件，我们也可以找自己的朋友或者同学，把这些知识点讲给他们听，并认真收集他们的反馈意见。如果我们可以给他们讲明白，说明这个知识我们已经熟练地掌握了。

小组助力：团结力量大

经过前面的学习，我们已经成为复习高手。但如果我们足够幸运，有一群爱学习的小伙伴，那么我们还可以采用小组助力的方法，让自己更上一层楼。

小组助力法是对前面介绍的方法的有力补充，通过朋友之间多方位、多层次、多角度的交流，我们可以全面地理解重要知识，高效地查漏补缺。3~5个同学可以组成一个学习小组，每人先进行独立复习，边复习边梳理出自己认为最难理解和最重要的知识点。

复习结束后，大家约在一起用1个小时左右的时间进行互考训练，每个人轮流出题，在互相问答的过程中进一步发现知识盲点和学习中的薄弱点，群策群力，共同攻克。一个人的想法往往是片面的，一群人则可以从不同角度全面地看待一个问题。

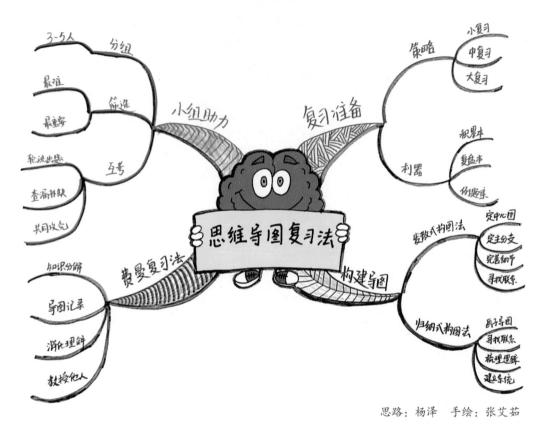

思路：杨泽　手绘：张艾茹

听小白说完，比干、黄飞虎、梅伯三人不由得赞叹，这思维导图复习法果然高妙，怪不得小白大人知识如此渊博。可让比干纳闷的是，这思维导图复习法和处理这帮妖狐有何关系，难道要教它们学习吗？这，这不是助长它们做坏事吗？

108

小白似乎看出了比干的疑惑，说道："您且听我说，这世间万物相通，高手总是能够掌握知识迁移的能力。我表面在说思维导图复习法，实则是在说收服妖狐之法。收服小妖容易，除掉妲己却难。我们首先应运用三段复习策略，实时收集妲己的罪证，并将罪证记录在三大利器上；然后用发散式和归纳式构图法厘清妖狐们之间的联系，顺藤摸瓜，找出背后主谋；再用费曼复习法将我们得到的情报传递给西岐的姜子牙丞相；最后我们将这些小妖进行分组，筛选出愿意投靠我们的并对它们进行管理，让它们相互监督，共同分享情报，为我们所用。"

等小白说完，众人恍然大悟，纷纷赞叹此计高妙。

运用系统复习法复习你所学的某一个单元的知识。

第八章

秘籍在手 连破三关
思维导图解题法

神 将	黄飞虎（七杀星）
道 具	七星神石（紫）

事件

妲己怀恨在心，害死了黄飞虎的妻子和妹妹，迫使黄飞虎投奔西岐，并在小白的帮助下，连破三关。妲己发誓要取小白性命。

武成王黄飞虎的妻子和妹妹被纣王所杀，黄飞虎震怒之下杀出朝歌，投奔西岐。可是从朝歌到西岐，需要经过临潼关、佳梦关和青龙关三大关隘，而这三关都有重兵把守，要过三关，必须回答三关总兵的三大难题。如果回答不出来，黄飞虎纵然插翅也难以通过。正当黄飞虎一筹莫展之际，小白闻讯赶到。黄飞虎大喜过望，在周小白的帮助下，连破三关，并从魔家四将手中意外获得七星神石。

妲己得知比干、黄飞虎和梅伯三人收服了轩辕坟众妖，还用思维导图复习法对它们进行了系统管理，对三人恨得牙痒痒，心想：好你们三个老东西，我一定要给你们点儿颜色看看，不然，你们还以为老娘好欺负。

妲己在纣王耳旁吹风，说黄飞虎的妻子贾夫人有倾国倾城之貌。纣王虽然贪恋美色，但一想到贾夫人是功臣之妻，便觉得自己的想法太邪恶了。妲己说："大王君临天下，天下之物应皆为大王所有。况且，大王宠幸贾夫人，让她享天下荣华富贵，她高兴还来不及呢，怎么可能会拒绝？！"纣王听妲己这么一说，露出一副荒淫无耻的模样："言之有理，爱妃言之有理呀！快，宣武成王妻贾夫人进宫面圣。"

让纣王万万没想到的是，贾夫人贤良淑德，深明大义，又岂是贪恋富贵之辈。眼见自己要被纣王侮辱，贾夫人纵身一跃，从摘星楼跳了下去，当场殒命。西宫黄妃是黄飞虎的妹妹，听说嫂嫂被纣王逼死，怒不可遏，大骂纣王："昏君，我哥哥为你打下江山，你却听信妲己这贱人的妖言，害死我的嫂嫂。我今日与你同归于尽。"眼看黄妃向自己扑来，纣王一脚将她踹下高台。不到半晌的时间，黄飞虎生命中的两位至亲便命丧纣王之手。

黄飞虎惊闻妻妹殒命，犹如晴天霹雳，一时竟不敢相信自己的耳朵。大怒之下，黄飞虎下定决心，与纣王势不两立，下令反出朝歌，投奔西岐。可从朝

111

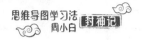

歌到西岐要经过临潼关、佳梦关和青龙关，这三关总兵都是本领高强之人，要顺利通过并非易事。

临潼关：张凤苦练缩骨功　缩句题做急先锋

黄飞虎率军抵达第一关——临潼关，总兵张凤早已接到消息，在关口等候多时。张凤是和黄飞虎父亲黄滚平辈的老将，算是黄飞虎的长辈，见到黄飞虎之后便问道："飞虎侄儿，你可知道谋反通敌是诛三族之罪，念我和你父亲有些交情，现在奉劝你一句，快快投降，回头是岸。"

"纣王杀我妻、妹，陷害忠良，这样的昏君，不值得追随。你快放我过去，否则，不要怪我不念旧情。"黄飞虎边说边跨马应战。

要说这张凤确实厉害，苦练成一身缩骨功，几个回合下来，黄飞虎不但打不到他，反而挨了两枪，处处吃亏。黄飞虎心想，这可怎么办呢？想我武成王驰骋沙场多年，不会在这第一关就败下阵来吧？！等我问问他，看看有没有其他通过的方法。

"张凤，你说吧，要我做什么，你才肯放我通过。"黄飞虎问道。

"想通过也不是不可以，三关总兵有三大难题。凡过关之人必要经过考验，若能破解难题，我便可放你过关；若破解不了，便留下头来。我张凤这一关，便是缩句难题。"

缩句题：可爱的小红在认真地看着有趣的新书。

缩句难题是张凤缩骨功独门心法，唯有本门高人方可破解。张凤出这难题，就没有打算让黄飞虎通过。这道难题黄飞虎想了一天一夜，想了很多答案，有

"小红认真地看书""小红看书""小红在看新书""小红看着新书"……可都被张凤否定了。这可怎么办呢？正在黄飞虎一筹莫展之际，帐外有人禀报，周小白周大人求见。黄飞虎一听小白来了，大喜过望，因为有小白在的地方就有解决问题的方法。

"周大人，您怎么来了？见到您太高兴了！"黄飞虎看到小白等人来了，赶忙出帐迎接。

"武成王，我们是来帮助您渡过三大难关的！"原来，小白早就知道黄飞虎面临困境，在黄飞虎反商出朝歌之时，就一直追赶他。只是三多中途拉肚子，耽搁了时间。

"那张凤的缩骨功确实厉害！我不仅砍不到他，还差点儿被他刺下马来。那缩句难题是他的独门心法，外人无论如何也是无法破解的。不知周大人有什么办法？"说完，黄飞虎又是一声叹息。

小白心想，这雕虫小技，早就在书里写得清清楚楚。于是，自信满满地说："武成王不必担心，我自有方法，一个缩句三三表，就可以让他束手就擒。"

缩句三三表如下。

原句			
三看	人/物	最后一词	动词
三去	"的、地"前	数量词	时间、方位
三留	着、了、过	否定词	必要成分
答案			

第二天，黄飞虎在阵前亮出了破解缩句难题的法宝"缩句三三表"和这道题的答案："小红看着书"。张凤简直不敢相信自己的耳朵，心想：这黄飞虎难

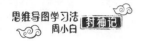

道背后有高人指点，可这独家绝学又怎么可能有外人知道？虽然张凤满心疑惑，但又不能食言，于是打开城门，放黄飞虎等人过关。看着黄飞虎的背影，张凤笑道："你虽然侥幸过了临潼关，可是到了魔家四将手里，那是必死无疑！"

佳梦关：魔家四将太自恋　人物形象难过关

　　黄飞虎在周小白的帮助下，巧妙地破解了缩句题，顺利通过了临潼关，来到佳梦关。佳梦关的守将是魔家四位兄弟：老大魔礼青、老二魔礼红、老三魔礼海、老四魔礼寿。魔家四兄弟最大的特点就是非常自恋，每个人都觉得自己长得最帅。对于过关之人，魔家四兄弟总会问一道人物形象题。如果过关之人说老大长得帅，那么老二、老三、老四就会联合起来把过关之人杀掉。如果过关之人说老二长得帅，那老大、老三、老四就会联合起来把过关之人杀掉……除非这人可以给出理由，让四兄弟都满意，否则，纵使来者长了翅膀，也飞不出四兄弟的手掌心。

　　对付一人容易，对付四人难。况且这四人个个身怀绝技，个个手中有法宝。这让黄飞虎可犯了愁，因为这种题无论如何说都会错，不可能令四人都满意。他看看小白，没想到小白在地上画起了格子，连忙道："都什么时候了，大人还有心情在这儿画格子？快想想办法吧！"小白抬起头，不慌不忙地说："武成王可听过五字真言？"黄飞虎纳闷道："没听说过，哪五字真言呢？"

（一）五字真言：谁为如做果

　　大家还记得那个神秘人传授给姬昌的快速阅读技巧吗？只要抓住人物、原

114

因、细节、事件和结果，就可以完整地概括一件事的主要内容。神秘人在五字真言的基础上，又加入了时间和地点，变成了"师弟，谁尾入左锅"。

要破解这人物形象题，五字真言就是基础。

二 RIA 阅读分析表：破解人物形象题的制胜法宝

在破解人物题之前，我们先用五字真言将全文或者某一片段的关键词找到，概括全文或某一片段的主要内容。再根据其中人物描写的细节和具体事件，概括人物形象。需要注意的是，人物的行为及细节与形象之间是表层与深层的关系，是果和因的关系。一个人物有什么样的性格，就会表现出与之对应的细节和行为。RIA阅读法分为三个层面：R（Reading）为阅读原文，I（Interpretation）为引导促进、用话重述，A（Appropriation）为拆为己用即为应用。

R（全文或片段）					
I	谁（人物）	为（原因）	如（细节）★	做（事件）★	果（结果）
内容概括					
A					
人物形象					

经小白传授之后，黄飞虎亮出了"RIA阅读分析表"，将魔家四将的行为细节一一做了分析，同时指出了四人的不同特点。因为有事实做证，每一项都分析得有理有据，让魔家四兄弟无可辩驳。魔家四将眼看说不过黄飞虎，便想拿出他们的看家法宝——七星神石，吸取黄飞虎的精魄。没想到，七星神石一出，便径直地飞到了黄飞虎手中。原来，七星神石本是黄飞虎家传之宝，纣王看中神石乃是天下罕有的宝贝，便据为己有，后来又因魔家四将护主有功，纣王将神石赏赐给了魔家四将。

最终，黄飞虎顺利通过佳梦关。临走之前魔家四兄弟对黄飞虎说："黄飞虎，

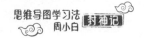

今天因你把我们的特点说得如此透彻，我们四兄弟且放你一马，不过，你下一关可就没这么走运了。青龙关的张桂芳擅长旁门左道，那幻术用得出神入化，你好自为之吧！"

青龙关：张桂芳沉迷妖术　作用题迷惑飞虎

黄飞虎早就听说过张桂芳的厉害，此人不仅精通兵法，武艺高强，而且善用左道幻术，一招"呼名落马术"不知让多少英雄豪杰死于他的白杆枪下。

刚到青龙关，张桂芳便冲着黄飞虎大军吆喝起来："来人可是黄飞虎？"小白马上提醒黄飞虎不要应答，以免中了他的妖术。看到对方没有反应，张桂芳越发得意起来，转头和士兵们说："哈哈哈，我以为是黄飞虎来了，没想到来的是黄飞鼠，我叫他他都不敢回话！"说完又转过头说："我再问你一句，黄飞虎，你敢答应吗？"

"武成王大名，岂是你等小辈可以直呼的？"

张桂芳一听此话以为是什么大人物，没想到是一个小孩儿。定睛一看，这个小孩儿可不一般，左边是黄飞虎，右边是黄飞虎的儿子天禄和天爵，后面还有几个小孩儿追随。张桂芳向来谨慎，心想：这说话的小孩儿不知是哪个神仙派来的高人，待我把他姓名问来，一样让他死于我的枪下。于是，试探地问道："敢问小兄弟是何方高人，可否报上名来？"

小白知道张桂芳的意图，当然不会上当："我乃北斗部天魁星御封侦缉特使周小白，你可听过？我此次前来是专门破你的作用题的！"张桂芳一听吓了一跳，一是因为小白说了一长串名字，他根本没记下来；二是因为小白上来就提到了作用题，直接揭了他的底牌。

张桂芳一看来者不善，马上亮出了他的作用题。

飘香的生命

突然，觉得办公室内流动着一股熟悉的香味，很熟悉，却一时想不起来是什么香味。开始，还以为是某个同事身上的香水味。可一个个挨着猛嗅了一番，却都不是。这时，有人提醒："这是桂花香吧。"

这才恍然醒悟，确实是桂花香啊！于是，赶到室外，走到人行道旁的桂树旁。果然，一股浓烈的幽香沁人心脾，激荡魂魄。再仔细瞧去，那密密的树叶后面，那些米粒大小的嫩黄的花儿正如天空的星星般闪烁，却又十分静谧，毫无张扬之意。

瞧着瞧着，我的眼睛就湿润了。这些惹人怜爱的小东西，竟在偷偷地飘香，飘香了还像什么都没发生似的，静静地立在枝头，等着悄悄地凋零。我们如不仔细瞧，还不知道它已经到过这个世界，已经香过这个世界。这时，我的思绪触到一个最温柔的记忆，那是上中学时一个同学讲的故事。

当时，这个同学家里很穷，为了省电，他每天晚自习后十一点钟才回家，而那时，学校的大门也在他走后一段时间才缓缓地关上。他一直以为大门是要到那个时候才关的，因此春夏秋冬，他天天如此，从不觉得有什么不妥。直到有一天，他被锁在校园内过了一夜，才知道学校大门是十点钟就关的，而原来关门的老大爷生病住院了。直到那时他才明白，老大爷一直在默默地为他开着方便之门。当他流着泪买了一大堆礼品去看老大爷时，老大爷已经去世了……

听完这个故事，我们许多人的眼睛都湿润了，为了那个默默行善的老人。我们的心湿漉漉的，因为在那一刻，我们才醒悟，其实我们每个人身旁都有一个开门的老人，在为我们开着方便之门，他们就像这小小的嫩黄的桂花，悄悄

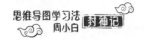

地释放着幽香，然后悄悄地凋零。

他们不张扬，是因为他们的生命本就是如此啊！

请问第三段中画线的句子有什么作用？

小白像是事先知道答案似的，脱口而出："这有何难？这画线的句子在文章中间，起到的是承上启下的过渡作用。'这时'指的是闻到桂花香之时，这是承接上文；而'最温柔的记忆'是引起下文，引出中学时的同学讲的故事。"

张桂芳大吃一惊，他万万没想到，这个小孩儿竟然如此准确地说出了答案。于是，默默地打开了关门，放黄飞虎等人过了青龙关。

操作示范 过三关解题技法

临潼关：破解缩句题的法宝——缩句三三表

原句			
三看	看人/物	最后一词	动词
三去	"的、地"前	数量词	时间、方位
三留	着、了、过	否定词	必要成分
答案			

缩句三三表是做缩句题的法宝。所谓"三三表"，指的是三看、三去、三留。

三看：一看主要人或物，二看最后一个词，三看动词。

三去：去掉"的、地"前面的词，去掉数量词，去掉时间和方位词。

三留：保留"着、了、过"，保留否定词，保留必要成分。

需要特别注意的是，缩句题不能改变句子的原意，这是答对缩句题的必杀技。

下面运用缩句三三表来分析一下张凤的这道缩句题。

缩句题：可爱的小红在认真地看着有趣的新书。

三看：主要人物是小红，最后一个词是新书，不是动词，故找动词，动词是"看"。

三去：去掉"可爱的""认真地""有趣的"。

这时句子还剩下什么呢？你会说："还剩下'小红在看新书'，黄飞虎之前就是这样回答的，可为什么不对呢？"

别忘了，还有"三留"和注意事项呢。我们需要留下"着"，因为它是表示时间状态的词。缩句是在不改变句子意思的前提下，尽可能简单明了地把意思表述清楚。"在看着"和"看着"意思是一样的，所以我们要去掉"在"。那么，我们为什么要去掉"新书"的"新"字呢？大家想一想，这个句子想说的是什么？是小红此时在干什么，对不对？她看的是不是"新书"根本不重要，去掉"新"根本不影响句意的表达。于是，我们得到的最终答案就是：**小红看着书。**

为了保证大家真的明白了，我们再看一道题。

缩句题：一匹骏马在辽阔的草原上奔驰。

在看解析之前，大家可以先思考一下这道题的答案，并且在一张纸上写出来。

如果你已经写好了，可以继续看下面的分析了。

三看：主要人或物是马，最后一词是奔驰，已经是动词了。

三去：去掉形容词"辽阔的"，去掉数量词"一匹"，去掉方位词"在……上"。

这时句子就变成了"马奔驰"。如果大家的答案也是这个，那么说明大家已经掉进张凤的陷阱里了。为什么呢？你可能会说，我就是按照缩句三三表一步步做出来的呀！但是，你忽略了一个重要的环节，就是不能改变原意。

由于动词是"奔驰"，你想一想，什么样的马才能奔驰呢？马有老马、瘦马、病马甚至死马，这些马能"奔驰"吗？都不能。只有骏马才能奔驰，因此，这里"骏"这个修饰成分就成了必要成分，不能去掉，去掉之后，语言就不准确了，就改变了句子的原意。因此，这道题的最终答案是：**骏马奔驰。**

没想到一个小小的缩句题中竟然隐藏着这么多细节吧。其实，缩句题是考查大家对语言的敏感度和准确度，大家在解题的时候一定要用心体会。

佳梦关：破解人物形象题的法宝——RIA 阅读分析表

会走路的黑板

安培是法国一位著名的科学家。有一天，他走在街上，突然想起一道数学题。他想把这道题写在纸上，可一掏口袋，没有带纸。忽然，他看见前面有一块"黑板"。

安培高兴极了，急忙跑过去，把刚才想的数学题写在"黑板"上，认真地算了起来。这时"黑板"突然移动了一下，他跟着走了几步。"黑板"又移动了一下，他又跟着走了几步。最后，"黑板"跑了起来，安培连忙去追，但已经追不上了。

安培仔细一看，原来那不是黑板，而是一辆黑色马车车厢的后背。

我们首先用RIA阅读分析表分析一下这篇文章的五大要素。人物是安培，事件是做数学题，原因是没带纸，细节是在移动的"黑板"上，结果是"黑板"跑了。

RIA阅读分析表

R（全文或片段）	《会走路的黑板》				
I	谁（人物）	为（原因）	如（细节）★	做（事件）★	果（结果）
内容概括	安培	因为没带纸	在移动的"黑板"上	做数学题	"黑板"跑了
A					
人物形象					

接下来，我们再看细节和事件。大家想一想，别人逛街是买衣服、买好吃的，可安培逛街

的时候还在做数学题，这说明什么呢？说明他非常爱学习。大家再想一想，大街上会有黑板吗？一般来讲，不可能有。但是安培丝毫没有察觉有什么不对劲，看见"黑板"就往上写，直到这个"黑板"跑了才发现这是马车车厢的后背，这又说明什么呢？说明他在思考的时候非常认真和专注。我们可以说，正是因为有爱学习、专注、认真这些品质，所以安培才会表现出这样的行为。大家会发现，人物性格（形象）与人物行为之间是一种隐含的因果关系。

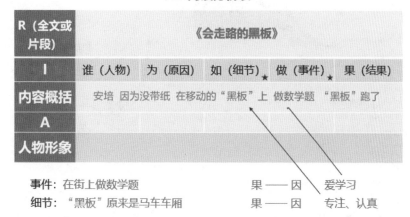

RIA阅读分析表

R（全文或片段）	《会走路的黑板》				
I	谁（人物）	为（原因）	如（细节）★	做（事件）★	果（结果）
内容概括	安培	因为没带纸	在移动的"黑板"上	做数学题	"黑板"跑了
A					
人物形象					

事件：在街上做数学题 　　　　果——因　爱学习
细节："黑板"原来是马车车厢 　　果——因　专注、认真

当我们了解了事件内在的因果关系之后，就可以用"因为……所以……"这样的句式去检查我们最终的答案。例如，因为安培热爱学习，所以他在街上还想着做数学题。因为他有专注、认真的好品质，所以他才没发现那不是黑板，而是马车车厢的后背。

如果大家得到的这个因果句式在逻辑上是通顺的，那么，我们就可以整理自己的答案了。

参考答案：安培是一个热爱学习的人，拥有专注、认真的优秀品质。

青龙关：破解作用题的法宝——内容结构导图

内容结构导图，又叫作"作用题解题法导图"，是解决高频作用题型的不二法宝。要解答作用题，我们需要从内容和结构两个角度去思考。

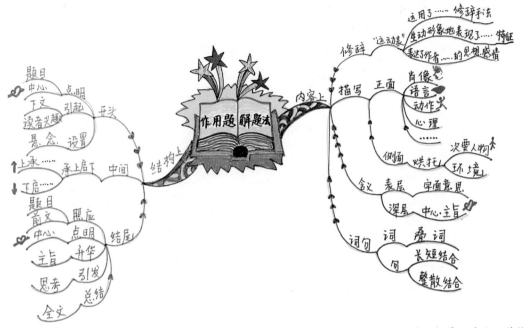

思路：杨泽　手绘：蒋萍

　　从内容上讲，按照考查频率从高到低排序，分别为修辞、描写、含义和词句。在分析题目的时候，可以按照此顺序进行思考。

　　一看有没有修辞，有修辞，必用"运动表"；二看有无描写手法，看是正面描写还是侧面描写，正面描写是先指出后分析人或物的特点，侧面描写的作用为烘托主要人或物；三看有无表里含义，表层含义为字面意思，深层含义联系文章中心；四看词句特点，有没有叠词、长短句结合或者整散结合句，其作用是让描绘的事物更加生动形象，使文章朗朗上口，富有音韵美。

　　结构上，先判断文段或句子所在的位置，再联系该位置所对应的作用进行思考。放在开头（文章前两段），有点明题目、点明中心、引起下文、引起读者兴趣、设置悬念等作用；放在中间，起到承上启下的过渡作用；放在结尾（文章后两段），有照应（点明）题目、照应前文（首尾呼应）、点明中心、升华主旨、引发读者思考、总结（收束）全文等作用。

骆驼流泪

那是在大西北生活的日子，一次我们要到远方去作业，全队的人要一起穿过大戈壁，没有汽车，没有道路，把我们送到那里去的只有几十头骆驼。于是，在一个阴晦的日子，一队长长的骆驼无声无息地走进了荒漠。没有一株树，也没有一簇野草，整整走了一天，也没有见到一个人影，就这样默默地走着。我们吃在驼背上，喝在驼背上，摇摇晃晃，我们还睡在驼背上。

走啊，走啊，从早晨走到中午，又从中午走到黄昏。坐在骆驼背上的人已经疲惫不堪，只有骆驼还在一步一步地走着，没有一点躁动，没有一点厌倦，就那样走着，默默地忍受着命运为它们安排的一切。

脚下是无垠黄沙，远处是一柱柱擎天直立的荒烟。"大漠孤烟直"，我第一次亲身感受到古人喟叹过的洪荒，我们的人生是如此坎坷，世事是如此艰难。坐在骆驼背上，我们的心情比骆驼的脚步还要沉重。也许是因为太累了，我们当中竟有人小声地唱了起来，唱了一支曲调极其简单的歌，没有激情，也没有悲伤，就是为了在这过于寂寞的戈壁上发出一点声音。果然，这歌声带给了人们一点兴奋。顿时，大家立刻就有了一点精神，一直在驼背上睡着的人也睁开了眼睛。但是，谁也不会相信，就在我们一起在一种情绪中向四周巡视的时候，我们一起发现，驮着我们前进的骆驼，一次次将头仰起，对着空旷的蓝天，没有嘶鸣，只是眼眶中盈满的泪水，一滴、两滴……滴入脚下的荒漠。

骆驼哭了，走了一天的路，没有吃一束草，没有喝一滴水，只是在走着，不知要走到何时，也不知要走到何地，只是听到了骑在它背上的人在唱，它们竟也一起哭了，没有委屈，没有怨恨，它们还是走着走着，是含着泪水，走着，走着……

一时间，我愕然了，感觉冥冥之中，生命与生命之间似乎存在着一种真诚的沟通。

直到今天，每当为生活的艰辛、人生的坎坷而身感疲惫时，我就会想起生命中第一次目睹动物的泪，内心深处就会涌起一种感动。于是，我对世间万物便有了一种敬畏……

第一、二段在文章中有什么作用？

小学阶段，作用题的答题要点比较简单，主要是在结构层面。第一，看题目提到的目标段落或画线句子的位置。这道题问的是第一、二段在文章中的作用，可以判断目标段落位于文章的开头。第二，回到导图找到对应结构的作用，位于开头的文字的作用主要是点明题目、点明中心、引起下文、引起读者兴趣、设置悬念等。第三，看这两段的内容符合以上哪个作用。通过阅读，我们可以得知第一、二段主要交代了故事发生的背景，以及骆驼"默默忍受"的状态。我们可以断定其作用是为了引出下文"骆驼流泪"，写骆驼任劳任怨、吃苦耐劳的精神。因此，答案是引出下文。

了解了作用题解题法导图后，我们再看张桂芳给出的那篇文章，就容易多了。

孙桂芳那篇文章给出的题目是，请问第三段中画线的句子有什么作用？ 解题思路如下。

（1）判断题目提到的画线句子在文章中的位置。通过阅读，可知画线句子在第三段结尾处，位于文章的中间。

（2）回到解题导图，找到对应位置的作用。位于文章中间，起到承上启下的过渡作用。

（3）根据上下文进行判断，可知上承"我"闻到了桂花的香气，下启中学时同学讲的故事。

了解了方法之后，大家是不是觉得这种题其实解起来很简单？作用题在初高中依然是高频考试题型，但答题要点相比小学阶段有所增加。我们在答题时，不仅要考虑结构层面，还要考虑内容层面。

片片蝶衣生（2018 年中考真题）
镯耳

①那日闲暇，我独自一人到鼓浪屿游走。挨挨挤挤的游客们，成群结队涌

向琴岛。耳畔不是那些错乱的碎步之音，便是天南海北的吆喝声。我在嘈杂之中，内心焦躁而又不安。

②走着走着，前方万绿丛中现出几抹蓝色。那是一片花木丛，繁茂的花枝上缀满蓝色的小花儿，花瓣娇小并不起眼，如果不是花开得很多，我或许真的会忽略它们。可我到底还是厌倦了嘈杂的人群，被那一抹微蓝所吸引。

③移步花丛中，仔细瞧去，蓝色的花容宛如蝴蝶仙子一般，让人一眼惊艳。时值冬季，它们的四片花瓣成对绽开，恰如一群翩翩起舞的蓝蝴蝶，生动、活泼。微风拂来，它们的翅膀随风颤动，飘来幽幽的香气，沁人心脾。微风吹动蓝色的花朵，花朵起伏，与那身披蓝衫的蝴蝶别无两样。

④借助手机搜索，原来此花实名正是蓝蝴蝶。我惊叹于造物主的神奇，将这样一朵小花装扮得如此美丽。它生的那对叶子，平展两侧对称盛开的花瓣，还有那如蝴蝶触角一般细长的雄蕊，无不娇美可人。在这个微寒的南国之冬，<u>这蝴蝶花，静守一处，花非花，蝶非蝶，宛若一群蝴蝶仙子，着一身微蓝的薄衫，是那样的惹人怜惜！</u>

⑤我在这片蓝色的花海中徘徊，想起杜甫那首《江畔独步寻花》，想起眷恋芬芳的花间彩蝶，想起自由自在的欢啼黄莺。杜甫在饱经离乱之后，择一西郊草堂为安身之所，他在春暖花开时节，独自在江畔散步赏花，不正是源于他对生活的知足与热爱吗？

⑥眼前的这片蝴蝶花，生在鼓浪屿这片少人踏足的草地上，将点点微蓝开放在绿丛中。它们没有娇艳灿烂的三角梅那般耀眼夺目，也没有悬挂在枝头的曼陀罗那般高高在上，不似红粉的合欢那般寓意高雅，更不像月季那般千娇百媚。它们生来便如蝴蝶一般，长在花丛里，飞在绿叶间，在湿润的草地上，片

片蝶衣生。

　　⑦我常常想，这世间的花不也和寻常的人一样吗？人有人性，花有花性。有的人生来不甘，总不愿栖息于荒芜之地，纵有迁徙，也难逃"枯萎"的命运；有的人知足惜福，不攀不比，即便生长在乡野间，也是一身正气。好比这蓝蝴蝶，它形貌小巧，生长于潮湿的山坡草地之中。它不俗不媚，凭一身高洁之色来示人，在一片淡然的幽香之中静默绽放。

　　⑧夕阳西下，通往码头的行人越来越多，我流连在这片花丛中，为邂逅此花而欣然。它们清婉的姿容，密密丛丛的风韵，将永远盛开在我的梦里。

　　（1）文中画线的句子使用了什么修辞方法？结合文章内容具体分析其表达作用。
　　（2）简要分析文章最后一段在全文中的作用。

　　这篇文章和所出的题目虽然看起来比之前的要难一些，但是只要我们掌握了作用题的解题方法，同样可以很快地解答出来。

　　第一题问画线句子使用了什么修辞，并要求结合文章内容分析其作用。这就是考查文章内容层面的作用。我们可以在解题导图中的"内容"分支找到修辞的答题思路——"运动表"。

　　（1）"运"：运用何种修辞手法。"宛若一群蝴蝶仙子"是比喻的手法，"着一身微蓝的薄衫"运用了拟人的手法。

　　（2）"动"：分析修辞的表达效果。生动形象地描绘出了蓝蝴蝶花美丽曼妙的花容。

　　（3）"表"：鉴赏作者的思想感情。表达了作者对于蓝蝴蝶花的怜爱之情。

　　第一题的最终答案如下：

运用比喻和拟人的修辞手法，生动形象地描绘出了蓝蝴蝶花美丽曼妙的花容，表达了作者对于蓝蝴蝶花的怜爱之情。

　　第二题要求分析文章最后一段在文章中的作用。因为题目并没有明确限定答题的范围，所以我们从内容和结构两个层面去考虑。

内容上：先通过阅读对最后一段内容进行判断。通过"夕阳西下""行人越来越多"这一环境描写，写作者因欣赏此花而忘却了时间，侧面写出了蓝蝴蝶花的美。"它们清婉的姿容，密密丛丛的风韵"都是正面描写花儿的美丽。而"为邂逅此花而欣然""将永远盛开在我的梦里"则是作者的思想感情，表达了作者对蓝蝴蝶花美好品质的赞赏和追求。

结构上：（1）先判断位置，在文章的结尾处；（2）参考导图中结尾的作用，即照应题目、总结全文；（3）从内容层面思考，最后一段有对主旨的升华，由赞美蓝蝴蝶花的外形，升华到赞美它的品质。

第二题的最终答案如下：

结构上，照应题目，写蓝蝴蝶花的美，并且总结全文；内容上，写出了蓝蝴蝶花清婉的姿容，并赞美了其风韵，表达了作者对于蓝蝴蝶花美好品质的喜爱和追求，升华了文章的主旨。

举一反三 解题步骤训练

（一）缩句题

（1）爸爸在床上听到窗外一阵阵的锣鼓声和欢呼声。

（2）这是一座拔地而起、造型奇特的新建的大楼。

（3）生态保护区生长着成千上万株枝叶茂盛的银杏树。

（4）我常常怀念故乡的许多熟悉的朋友。

（二）人物形象题

字字皆辛苦

唐朝的李绅，天资聪明，十分好学。每写一首诗都要反复修改，大家熟悉的《悯农》就是这样写成的。

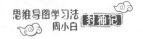

有一年夏天，李绅想写一首诗，来表达对农民的同情。那几天正值酷暑盛夏，天气闷热，蚊蝇叮人，他将一切困难置之度外！想一想，写一写，写一写，又想一想……经过十几次修改，诗终于写成了。"锄禾日当午，汗滴禾下土。谁知盘中餐，粒粒皆辛苦。"疲惫的他看到写好的诗句露出了满意的笑容。

这首诗短小精悍，通俗易懂，因此可以流芳百世。人们在赞美诗歌的同时，对李绅刻苦认真、精益求精的写作态度更是赞叹不已，说他写的诗"字字皆辛苦"。

请概括李绅的人物形象。

三 作用题

爷爷的黄豆
王琼华

爷爷是染布的。他爱吃黄豆出了名。

爷爷十七岁那年，在镇子西头刷刷地架起了好几口大染锅。这吃饭的手艺是"偷"来的。爷爷从小喜欢跑到大染坊找老板的儿子玩耍。有时老板的儿子跟私塾先生念书，爷爷便蹲在一旁，直愣愣地盯着热气腾腾的大染锅。爷爷蹲着看染布时，就从兜里摸出几粒炒熟的黄豆塞到嘴里嚼，这样一蹲就是一两个时辰。"呆瓜！"染布师傅往往这么笑话爷爷。当爷爷染出第一锅布时，大家才知道爷爷并不呆。

那年，家里遭了大灾，爷爷架起几口大锅开始染布。开业那天，镇子里所有人都听到爷爷一边敲锣一边喊话，开张头半个月染布不收钱，染坏了一赔二。

爷爷没钱请帮工，自己把麻绳往肚子上一勒，一把黄豆往嘴巴里一塞，一边香甜地嚼着，一边搅动大染锅。当爷爷嚼完三四把黄豆时，青布便染成了。青色衬着爷爷额头的汗珠，沉稳得像傍晚袭来的夜幕。

后来，爷爷的技艺越来越精湛，生意越做越大。于是，成了镇子里最大的染坊。名声像染布匠拿搅锅棍敲锅一样，咣咣当当响得很。在嚼着一把又一把黄豆时，爷爷兜里也开始响着咣咣当当的银元声。

有了钱，除了每天有滋有味地多嚼几把黄豆外，还娶了奶奶。

<u>在我的记忆里，爷爷一谈到自己就笑呵呵，一谈到父亲就唉声叹气。</u>

闲时，爷爷经常是一边慢慢地嚼着黄豆一边跟我聊天，像在咀嚼他的一生。他说，父亲是一个"倒钱筒"。父亲是爷爷的独苗，奶奶宠着他，惯着他。听爷爷说，父亲才十岁，就开始进大烟馆。没钱，就赊账。烟馆老板拿着赊账本来讨钱时，爷爷才明白是怎么一回事。

父亲就像一棵荒野中的树那样疯长。

我十岁那年，父亲跟人赌了三天三夜，输了。大染坊被抵了赌债。那一天爷爷没有嚼他的黄豆，唉声叹气，一脸乌云。

搬出大染坊时，爷爷习惯性地掏出黄豆，迟疑了一下，爷爷这回没有把黄豆塞进嘴巴，而是把黄豆一路撒在地上。

没几年，爷爷病得不行了。父亲依然整天不着家，爷爷的安危只是他耳边刮过的一阵微风。

爷爷临终前的那个晚上，示意我到他跟前，他手中攥着一个小布袋，打开来，是些黄豆。昏暗的灯光下，豆子显得金灿灿的，爷爷说，这辈子只剩下这点黄豆了。他的声音很轻，连他旁边油灯的火苗都没有动一下。他颤巍巍地拈

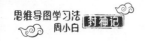

出一颗豆子，习惯性地放入口中，又想嚼它。不知是黄豆太硬还是爷爷老了，牙口不行，他没嚼动，又把豆子放入袋中。

他叹叹气，说这辈子就爱这黄豆，人走了带上它，也算来这世上留个念想。他慈爱地对我说，如果你长大了真活不下去，可以再到爷爷这里来拿这黄豆吃。不过，你要是争气，最好就别来扰我了。他语气中满是沮丧。

我愣愣的，不太明白，点了点头。

第二天早晨，爷爷走了，手里紧紧攥着那小袋嚼不动的黄豆。邻居帮忙葬了爷爷后，父亲才回来。没人怪他，他在邻里眼中只是一个能够看得见的影子。

父亲长号着，声音凄厉，如同塌了脊梁。大家都知道他为什么哭。整整两天两夜，他雇了好几个人把小院子掏了一遍又一遍，最后连瓦背也全掀掉了，还是没有找到传说中爷爷那几坨金子。他疯了。

后来，一个金匠跟我说爷爷确实有几坨金子。不过，爷爷临终前偷偷让他把它们打成了一颗颗金珠子。

我蓦然明白，爷爷那小袋黄豆是什么了。爷爷给我留了一笔活命钱。

这笔活命钱，我一直没有拿，爷爷给予我的财富远比那些金珠子要金贵。

现在我有了自己的企业，人们称我是什么"著名企业家"。不久前，一次慈善大会上，我说了，死后捐出全部财产。

为什么这么做？有记者问我，我一时语塞，眼前浮现出爷爷那小袋最后的黄豆。

小说中画横线的句子在全文中起什么作用？

第九章

征战西岐 反思复盘
思维导图复盘法

神 将　闻仲（天相星）

道 具　八星神石（黑）

事件

太师闻仲叫阵黄飞虎，小白使用复盘法找到了闻仲的弱点，将其逼到绝龙岭，并使用阶段学习复盘法，击败了闻仲，得到八星神石。

闻仲在外平定叛乱，刚刚班师回朝，还没来得及面见纣王，就收到了圣旨。纣王命闻太师率领大军讨伐黄飞虎，攻打西岐，还下令一旦抓到黄飞虎，就地正法。让闻仲想不通的是，一向忠肝义胆的黄飞虎怎么会突然背叛纣王，投奔西岐呢？

军令如山，闻仲来不及多想，便率领大军攻打西岐。闻仲乃金灵圣母之徒，本领高强，连破西岐大军。正在子牙束手无策之际，小白献策，用思维导图复盘法，回顾了历次战败的原因，并且找到了闻仲的弱点。又用思维导图复盘法回顾了贾夫人和黄妃的惨剧，让闻仲不禁反思落泪。但闻仲身为三朝元老，誓死效忠纣王，他拿出金灵圣母赐予他的八星神石，接连打败了西岐的几位著名将领。最后，小白等人借助云中子的力量打败了闻仲。

解封技能 思维导图复盘法

"黄飞虎,你父与我乃三朝老臣,曾誓死效忠大商,你怎会如此糊涂,投奔西岐?还不快快出来,随我回朝歌请罪!"西岐城外,鼓声雷雷,闻仲大兵压境,在城楼下向黄飞虎喊话。

此时,城内的姜子牙焦灼不安。之前派出的三位大将,两位死在了闻仲的雌雄鞭下,一位被他的坐骑墨麒麟一口吞掉。这可怎么办?姜子牙感觉遇到了前所未有的敌手,他赶紧召集小白等人商议。

三多还没等姜子牙说完,就着急地说:"丞相,三个打不过,咱就派十个,双拳难敌四手,就算他闻仲再厉害,也得怕咱们人多。"

"三多,这可不是小学生打架,闻仲有金刚护体,刀枪不入,坐骑墨麒麟火眼金睛,可辨来者法力。就算有再多人,若没有好的方法,一样会失败。"关键时刻还是闻静沉着冷静。

"我倒是有一个办法,可以试一试!"说话的人是"猴子"。

大家听"猴子"这样说,连忙问道:"什么办法,你快说说呀!"

"猴子"想了想,说道:"小白,你还记得吗?'大老杨'原来教过我们用思维导图复盘法把学习过程中的问题重新推演,总结经验,寻找方法,每次这样做,我都会有新的收获。"

小白也想到了，每次考完试，"大老杨"都会让同学们进行复盘。而每次复盘之后，大家都会发现一些之前没有注意到的细节，对后面的学习大有帮助。于是，小白点头道："这个方法好，我觉得可以一试！"

姜子牙这会儿听得云里雾里，不知道大家在说什么。小白看出了他的疑惑，转向他问道："丞相可会下围棋？"

"略知一二。"姜子牙心想，这小白葫芦里卖的什么药？都什么时候了，还想着下围棋。

此时北冥神玉中传来"大老杨"的声音。

"我们在讲解思维导图系统复习法时，曾提到一个重要的复习工具——复盘本。而思维导图复盘法就是复盘的具体方法。'复盘'一词原本是围棋术语，是指对弈完成后，复演该盘棋，以检查对弈中招式的优劣得失。我们将复盘应用于学习中，指的是在学习一个新的知识专题或者经过一场考试后，在脑海中重演学习的过程，进而总结方法，主动思考为什么我们要这样学（考），下一次我们应该如何更好地学（考）。

"复盘的内容可以来自我们的亲身学习经历，也可以通过观察他人的表现来借鉴他人的学习方法。其关键在于及时、迅速地自我反思，快速对学习方法进行迭代，通过有效反馈进行验证。运用"思维导图＋复盘"的方法，形成创新性的思维导图复盘法，可以及时、快速、有效地对学习过程进行复盘，达到事半功倍的效果。思维导图复盘法不是单纯地重复学习的过程，而是进行一系列系统的反思后再学习，从而获得进步。

"通过使用思维导图复盘法，我们可以避免犯同样的错误，固化常规的有效学习流程，形成SOP，进而提升我们的学习能力。"

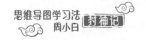

注释

所谓SOP，是Standard Operating Procedure三个单词的首字母，即标准作业程序，是指将某一事件的标准操作步骤和要求以统一的格式描述出来，用于指导和规范日常的工作。SOP的精髓是将学习细节进行量化。通俗来讲，SOP就是对某一学习流程中的关键点进行细化和量化。

例如，完成作业的SOP可以这样设定：

（1）放下书包，清理书桌，拿走与学习无关的物品；

（2）拿出作业本和各科作业需要用到的材料；

（3）为每一项作业分配时间，如先做大作业（须花费30分钟以上时间的），后做小作业（30分钟以内可以完成的零散作业）；

（4）设定好番茄钟（25分钟），然后开始完成作业。

复盘常见的类型有三种：自我复盘、团队复盘和复盘他人。自我复盘是最为简单、容易操作的复盘形式，可以随时随地进行，尤其是在月考、期中考、期末考等一些重要的考试节点之后，要进行自我复盘。团队复盘时可以成立学习小组，定期以小组会议的形式共享团队成员的想法，以达到取长补短的效果。复盘他人是指从我们身边的人身上借鉴经验或吸取教训。每个人身边都有榜样，从榜样的身上，我们可以学到很多高效的方法和策略，从而少走弯路。同时，从身边人的身上，我们往往会发现一些小问题和小失败，这时候就要思考如何才能避免重蹈覆辙。总之，我们需要培养一种复盘的意识，让复盘成为一种学习习惯。

常见的复盘工具就是我们之前提到的复盘本。我们在进行复盘的时候，可以将思考的过程和收获记录在复盘本上，这是我们宝贵的思考轨迹。我们要尝试着总结其中的方法，并将它们应用到后面的学习计划中。对于一些常规的学习任务，最好写成SOP，保证我们在学习的时候不用花费太多的脑力思考下一步要做什么，这样才可以更加专注于当下要做的事情。最后，我们需要根据实际情况不断完善这个流程。

SOP学习样例：考后复盘SOP

（1）准备好试卷、复盘本和黑红蓝三色水笔。

（2）将试卷上的错题用黑色水笔按题型分类，抄写在复盘本上。

（3）用红色水笔将错题修改正确。

（4）用蓝色水笔分析错题原因。

（5）再次梳理错误题型。已经明白的题目，使用红色水笔在题号后打钩；依然不懂的题目，第二天向老师求助，解答疑惑。直到所有错题都弄明白后，用红笔在问过老师的题目后打两个钩表示强调。

（6）下次考试之前，集中复习之前整理过的错题。

复盘笔记是我们的私人专属学习教练，我们一定要好好地对待它。我们可以通过拍照的形式将它们上传到印象笔记软件中，也可以使用石墨文档或者幕布等在线工具进行复盘，复盘后这些笔记将被保存在云端，方便我们随时随地查看。

我们在复盘的时候，可以按照以下步骤进行。

回顾目标

回顾目标也就是回顾当初我们的学习目标或者期望是什么。

我们在学习的时候，往往缺乏明确的目标。没有目标的学习是被动学习，如同没有目的地的旅行，永远无法到达自己想去的地方。因此，我们要想化被动为主动，就要设定明确的学习目标。在我们回顾目标时，要将目标明确而清晰地写在复盘本上，以防忘记或者在复盘过程中偏离目标。在这个环节中，我们常犯的错误就是将学习手段当成学习目标。例如，老师今天留了 3 页书法作业，这是学习手段，而目标则是通过这 3 页书法作业培养正确的拿笔姿势或者掌握某种字体的正确书写方法。

评估结果

评估结果就是和自己之前设定的目标相比，发现结果有哪些亮点或不足之处。

将结果与目标相比，会产生四种可能的情况：结果和目标一致，结果超越目标，结果不如目标，过程中添加了新的项目。我们将结果与目标进行对比，不是为了发现差距，而是为了发现问题。例如，我们要掌握数学中的追击问题，做了很多题目但是发现还是有错误。通过评估结果，我们发现，主要问题不是不理解，而是计算失误。因此，我们需要解决的是计算问题，

这就是在过程中添加了新的项目，通过解决计算失误的问题，保证我们下次在解答追击类应用题时不再犯同样的错误。

分析过程

主要是分析学习过程中，我们成功或者失败的原因是什么。

成功或者失败的原因，我们可以从主观和客观两个角度来分析。主观因素来自个人，如基本功不扎实、没读懂题、书写太潦草等。客观因素来自外界，如学习环境嘈杂、光线不足、他人干扰等。如果是主观因素，就要从自己身上找原因，提升自身的能力；如果是客观因素，就要尽量对环境、设备等因素进行主动选择，减少来自外界的干扰。

除了复盘导致结果的原因外，我们还要对过程进行分析。例如，对于一项工作或一项学习任务，我们要分析自己是如何完成的，在每一个关键的节点上有没有更加高效的方法，等等。

总结经验

总结经验即总结我们获得了哪些经验，接下来如何做才能变得更好，等等。

通过上面三个步骤，我们可以对整个学习过程有更好的把握，从中获得有效经验。我们需要将这些经验总结下来，为接下来的学习做准备。思考一下，在下一次的学习中，我们通过避免哪些错误，改进哪些方法可以让我们的学习变得更加高效，得到更好的结果。

我们在总结失败的经验的过程中，需要注意三个问题。第一，学习过程中有没有出现偶发性因素，如果有，下次如何做才能减少。第二，导致失败的因素是出在人身上还是出在事身上。因为人是变量，不易总结规律和经验，如果出在事身上，可以总结规律的可能性更大。第三，问自己三个以上"为什么"或者"为什么不"，通过反复追问，深入事情本质，找到内在的原因。

"大老杨"完整地讲解了思维导图复盘法之后，众人都觉得这确实是一个系统总结、反思的方法。姜子牙认为，可以用这种方法复盘与闻仲的几次交手，并从中发现成功的地方，并且加强在这些方面的部署。对于那些导致失败的地方，通过复盘也可以认真反思，发现对方的弱点。

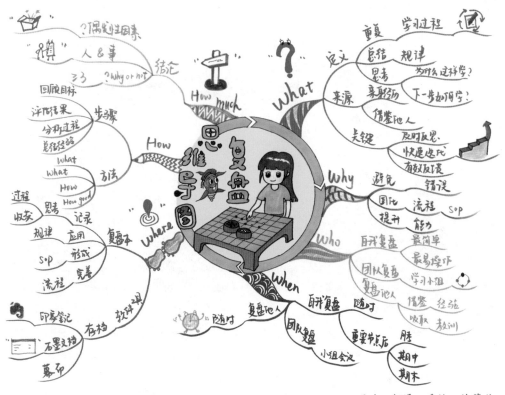

思路：杨泽　手绘：许菁琳

　　通过一整夜的复盘，小白他们终于发现了闻仲的"不死之谜"。原来，闻太师施法将自己的心脏藏于绝龙岭，只要心脏不归肉身，无论受到什么攻击，身体都会迅速复原。为今之计，只有将他逼到绝龙岭，让他的心脏和肉身同处一地，再借助云中子的法宝紫金钵，施展阶段学习复盘法，才能一举击败闻仲。

　　于是，姜子牙便定下计谋，亲自派兵攻打闻仲，再佯装战败逃到绝龙岭，引闻仲来追。闻仲得知中计之后，便拿出八星神石，将金吒、木吒的魂魄收入神石之中。正在这危难之际，小白等人求助云中子，云中子闻讯赶来，施展了阶段学习复盘法。

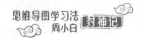

操作示范　**阶段学习复盘法**

　　阶段学习复盘法是自我复盘最常用的方法之一，快速易行，简单有效，可以随时随地进行。阶段学习复盘法分为 Why（学习目的）、What（学习内容）、How（学习方法）、How good（完善措施）四个部分。我们可以将这四个部分变成四个问题，只要回答好这四个问题，我们就可以完成一次阶段学习的复盘。

　　Why（学习目的）：通过这一阶段（单元）的学习，我们要掌握哪些知识或者能力。

　　What（学习内容）：在这一阶段（单元），我们都学到了哪些内容、遇到了哪些问题。

　　How（学习方法）：针对这些问题，我们运用了哪些学习方法来解决。

　　How good（完善措施）：这些方法是不是解决问题最好的方法；如何改进（增加）我们才可以做得更好？

思路：杨泽　手绘：张艾茹

138

我们以部编版《语文（五年级上册）》第二单元为例，来介绍阶段学习复盘法在学科中的具体运用。

Why：明确学习目的。本单元要求我们掌握两大要点，即学习提高阅读速度的方法，结合具体事例写出人物的特点。大家想一想，学习新方法的目的是什么呢？是提高阅读速度。这是在阅读方面的学习目的。而结合具体事例写出人物的特点，则是在写作方面的学习目的。

What：掌握学习内容。从本单元的目录中我们可以看到一共分为三大板块：经典文本阅读、习作和语文园地。这三部分分别对应阅读、写作和积累。阅读部分由三篇文章组成，分别是《搭石》《将相和》和《什么比猎豹的速度更快》。

于是我们就可以得到下面的导图。

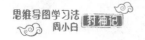

How：回顾学习方法。我们可以思考一下：为了达到预期的学习目的，我们都使用了哪些学习方法。例如，我们是如何提升阅读速度、如何突出人物、如何积累词语的。按照这个思路，反思我们的学习过程。这时候我们应该回顾一下学习目的，确保我们的学习过程没有偏离目标。通过回顾，我们发现，前两个问题是单元目标，而第三个问题是常规目标。于是我们又发现，我们设定目标时出现了遗漏。由此可见，复盘导图是在复盘过程中不断完善的。

How good：寻找完善的措施。想一想，我们使用的这些方法是不是很好地解决了问题，有没有达到预期的目标。如果没有达到目标，那么再做些什么才能达到目标。在学习过程中我们发现，要提高阅读速度，抓取关键词的能力非常关键，它决定着我们阅读的速度和准确度。抓取关键词的能力可以通过思维导图心法中的关键词技巧去训练。用思维导图对要阅读的文章进行分析，可以更加清晰地把握文章的结构，还可以结合人物的语言、性格描写体会突出人物形象的写作方法，一举多得。最后，我们可以将这些心得和完善措施写在复盘本上，指导我们后面的学习。

思路：杨泽　手绘：杜海霞

这样，我们就完成了一次阶段性复盘。有的小伙伴可能会说，阅读、写作和积累的内容是不是也要展开来写？这样是不是会更加全面？其实，复盘主要是对我们学习过程中的做法进行反思与总结，对于具体课文的内容可以单独绘制文章分析导图。

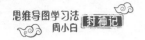

运用阶段学习复盘法复盘你学过的某个单元的知识。

第十章

巧搬救兵 杨戬除怪
思维导图演讲法

神 将	杨戬（擘羊星）
道 具	九星神石（白）

事件

　　魔家四将叫板西岐，为闻仲报仇。花狐貂连吃多名将领。姜子牙束手无策之际，封神册暗示找玉鼎真人搬救兵。小白等人使用思维导图演讲法请出玉鼎真人，玉鼎真人派杨戬和哮天犬收服了花狐貂，并取得了九星神石。

　　佳梦关魔家四将没能拦住黄飞虎，让小白等人在眼皮底下把人给救走了，还丢掉了纣王亲赐的神石。这四兄弟心有不甘，发誓要找西岐算账，取黄飞虎首级。这四位魔将虽说自恋，却是有真本事的。他们每个人都有一样法宝：老大魔礼青手持青云剑，老二魔礼红身背混元伞，老三魔礼海指弹碧玉琵琶，老四魔礼寿怀揣紫金花狐貂，尤其以老四魔礼寿的花狐貂最为凶残。姜子牙派出的西岐将领一个个被花狐貂吃掉，一时之间，不知该如何是好。

　　"哈哈，姜子牙，我的花狐貂肚子还没饱，赶紧派你的大将出来给我的宠物加餐吧！"看着西岐大军节节败退，魔礼寿越发得意起来。

　　姜子牙算了算，已经有四名大将做了花狐貂的"盘中餐"，他再也不敢贸然派人出去了。此时，北冥神玉发出微光，仿佛有话对小白讲。小白拿起神玉，大声召唤："北冥神玉，学习无敌。"

　　"封神册……玉鼎真人……思维导图演讲法……"北冥神玉能量微弱，小白只能依稀辨别出这几个词。姜子牙听到"玉鼎真人"这个名字，说道："玉鼎真人？他是我同门师兄，性格孤僻，终年闭关隐居，难道他有制服花狐貂的妙法？那思维导图演讲法又是何法宝呢？"

　　"还有一个关键词是封神册，我们看看封神册上是不是有什么线索吧。"闻静说道。对呀！北冥神玉耗尽能量讲出这三个关键词，必有一定关联。

　　于是，小白等人打开封神册，发现果然有关于玉鼎真人的线索。原来，玉鼎真人有个名叫杨戬的弟子，法术高强，又有神兽哮天犬跟随左右。此犬能辨忠奸，勇猛非常。姜子牙此时恍然大悟，所谓一物降一物，那哮天犬正是花狐貂的克星呀！

可是，封神册中并没有出现关于思维导图演讲法的只言片语。姜子牙想了想说，玉鼎师兄平时在玉泉山金霞洞修行，洞内有三昧真火护身；一旦离开，三昧真火便会熄灭。而师兄来去无踪，没人知道他在何处闭关，只有想办法点燃三昧真火，才有可能让其现身。难道，这思维导图演讲法就是让他现身的关键所在？

"小白，你难道忘记'大老杨'给我们讲过的思维导图演讲法了吗？"闻静问小白，小白一时语塞，确实想不起"大老杨"还曾经传授过这样的法宝。

"差生，差生，果然是差生！"三多此时也帮腔道。被大家一说，小白也不好意思起来，赶紧向闻静求教思维导图演讲法。

演讲是一项非常重要且应用广泛的个人技能。无论是我们来到一个新的环境让大家快速了解自己，还是要说服和影响他人，都离不开演讲的帮助。运用高超的演讲技巧，可以让我们在他人心中留下深刻印象，巧妙地达到自己的目的。

很多人由于没有系统地学习过演讲的方法，对于在公开场合演讲望而却步。运用思维导图演讲法，再加上适当的练习，可以让我们快速掌握演讲技巧，成为众人关注的焦点。

一 准备

"台上一分钟，台下十年功"，没有谁可以随随便便成功。我们虽然不需要花十年那么久，但不能否认，好的演讲离不开精心的准备。在演讲准备阶段，我们首先需要寻找一个安静、没人打扰的环境，让自己保持专注的状态。然后准备好纸和笔，或者自己专属的笔记本和备忘录，把接下来我们思考的问题和灵感记录下来。

演讲的目的一般分为三个，最终是要解决两个问题。明确演讲的目的是演讲成功的前提，我们需要思考自己的演讲是为了传递信息（如自我介绍演讲）、说服他人（如竞选班委演讲），还是为了激发斗志（如比赛前的临场演说）。明确了目的之后，我们还要清楚听众有什么需求，我们可以通过什么方式满足他们的需求，甚至可以为他们带来一些小惊喜。把我们的思考写下来，反复琢磨，看如何实现它们。

二 技巧

演讲的技巧有很多，在这里我们只介绍比较好用的三个技巧，即"金骨包"，可以把它想象成一个金光闪闪的大鼓包，这样就容易记住了。

金句：一场演讲包含很多信息，但过了许久之后，能够给听众留下深刻印象的往往是那一两句金句。演讲中的金句可以是自己的原创，从生活体验中提炼的，也可以是自己特别喜欢的名人名言。平时注重对金句的积累，在准备演讲稿的时候恰当使用，就可以影响、触动甚至启发听众去深入思索，从而让听众更好地理解我们的演讲主题。

骨架：在演讲时，我们头脑中一定要有清晰的逻辑架构，让听众跟着我们的思路步步深入。如果没有"方向"和"路标"，东拉一句，西扯一句，听众就会越听越糊涂，最终对我们演讲的内容失去兴趣。三个常用的演讲骨架分别是"是有要做"、黄金圈和金字塔。"是有要做"用于自我介绍演讲，黄金圈用于说明类演讲，金字塔用于议论类和问题解决类演讲。大家只要掌握了这三种演讲"骨架"，就能应对大多数演讲场合。

包装：一般演讲者会将自己的观点开门见山地抛给听众，而优秀的演讲者则会将听众带到情景之中，使听众在不知不觉中认同演讲者的观点。这其中的技巧就是讲故事。好的故事可以迅速将听众带到演讲者的世界，引发听众的共鸣。

三 完善

在我们完成演讲稿的写作之后，就要开始对内容进行完善了。我们可以先照着稿子通读一两遍，修改其中的语病和读起来拗口的词句。然后寻找一切机会进行试讲。试讲可以对着镜子，观察自己在镜子中的神态和肢体动作，不断调整以达到最好状态。也可以找自己的家人或者拉上好朋友来讲，认真听取他们的反馈，从而进一步完善内容和神态。最后，我们还要在实战中不断提升自己的演讲水平，在这个过程中及时复盘是非常重要的。

四 进阶

要进一步提升自己的演讲能力，我们一定要了解演讲中重要的"三阶段"和"两思维"。

（1）三阶段：手中有稿，心中有稿，心中无稿。

在演讲的准备阶段，我们需要运用思维导图构建"骨架"，用故事来包装演讲内容，并设置金句让听众对我们要表达的主题印象深刻。融合了"金骨包"的逐字稿就是我们成功演讲的重要保证，一定要做到"手中有稿"。

演讲开始之前，我们需要将逐字稿烂熟于心，做到"心中有稿"。只有做到足够熟练，我们才能在台上将自己的注意力放在交流和互动上。要是说了上句忘下句，或者总是想着下一句要说什么，不仅会加重我们站在台上的紧张感，还会令我们无暇分心与听众进行交流。这就会让演讲表现大打折扣。

高质量的演讲是做到"心中无稿"，让听众感受不到我们是在背稿演讲，而是让听众认为我们在娓娓道来，在与听众亲切地"对话"。这就需要我们化有稿为无稿，在充分准备的基础上对演讲的内容进行灵活运用。这时候听众的反馈就会成为我们绝佳的互动点。

（2）两思维：视觉思维，逻辑思维。

优质的演讲一定要具备两种思维：视觉思维和逻辑思维。视觉思维就是要在演讲中不断用语言构建画面感，让听众身临其境地感受演讲者描绘的事物。逻辑思维则可让我们的演讲条理清晰，层次分明，做到"言之有序、言之有理、言之有物"。

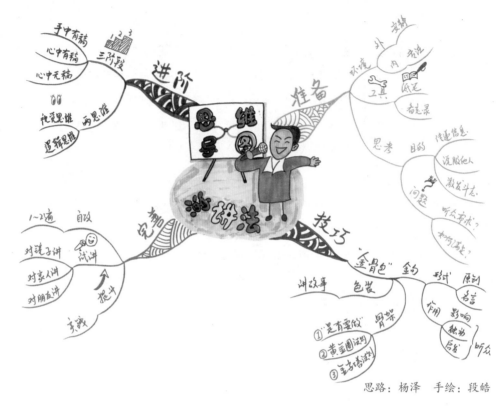

思路：杨泽　手绘：段皓

众人听完闻静的讲解，对于思维导图演讲法有了一个大概的了解。可知道不等于能做到，准备、完善和进阶的部分还都可以理解，可具体技巧要如何掌握呢？掌握它们就能点燃三昧真火吗？此时，姜子牙突然想到什么，连忙说道："啊，我想起来了，这三昧真火的围栏分别是方框、圆圈和三角形，下面就写着'是有要做''黄金圈'和'金字塔'，原来上面的文字就是演讲中的三种'骨架'。"

三多说："小白，你还记得吗？'大老杨'让我们做课前自我介绍的时候，就是用的'是有要做'这个结构。"

"是有要做" & 黄金圈 & 金字塔

"是有要做"

自我介绍是一种非常重要的演讲形式，成功的自我介绍可以让大家迅速了解我们，愿意和我们进一步沟通，甚至和我们成为朋友。可是很多人在进行自我介绍的时候，除了"大家好，我叫×××，我的爱好是……"以外，就不知道该说什么了。掌握了"是有要做"模型，就可以快速构思出一篇出色的自我介绍演讲稿，让你成为众人的焦点。

"是有要做"是自我介绍演讲中非常重要的骨架模型，指的是在自我介绍的过程中要分别介绍我是谁，我有什么，我要什么，我怎么做。

(一) 我是谁

介绍你叫什么，来自哪里，有什么样的性格特点。

为了让别人对你印象深刻，你可以为自己的名字寻找一个关联物。比如，你叫赵帅，你可以这样介绍自己："大家好，我叫赵帅，大家都知道赵子龙吧，他在战场上打仗的样子非常帅，你们记得赵子龙很帅，就记住我的名字了。"倘若你的名字是有典故或有特殊寓意的，你也可以介绍名字的出处。如果你演讲的地方不是你的出生地，你一定要介绍自己来自哪里，方便找到自己的同乡，拉近与听众之间的距离。最后，你可以简单说说自己的性格特点，是幽默风趣还是沉着稳重，让大家对你有个大概的了解，这样既可以为整个演讲奠定基调，又可以激发听众对你的好奇心。

姓名、出生地、性格特点是让大家了解你是谁的三件套，大家可以按这个思路灵活运用这三件套。

(二) 我有什么

介绍自己的爱好、特长，讲一个最自豪的故事。

在这一部分，你要为大家展示你的价值，让大家对你产生兴趣，愿意和你进一步交流。你可以展示自己的爱好和特长，再为大家讲一个你最引以为傲的故事。有的同学说："我没有爱好，也没有特长，怎么办呢？"其实，不是你没有爱好和特长，而是你不善于发现自身的优点。如果你喜欢听歌，你就可以说自己是一个热爱音乐的人；如果你喜欢看书，你就可以说自己是一个痴迷阅读的人；如果你喜欢踢球，你就是一个热衷竞技体育的人。寻找自身爱好的过程是一个不断挖掘自身亮点的过程，你将这些爱好梳理明确，用心做到比一般人都好，这些爱好就会变成你的特长。讲一个最引以为傲的故事，就会运用到"金骨包"技巧中的包装技巧。你说你的特长是弹钢琴，别人并不能感受到你琴技的高超。但如果你和大家说，你从 5 岁开始学琴，每天都要投入 4 个小时以上的时间练习，看着其他小朋友玩耍时，你也非常羡慕，甚至想放弃，但是每当想到自己的偶像——郎朗，你就会坚持下来。终于，在自己 10 岁的时候，登上了国际舞台，获得了演奏大赛冠军，并获得了郎朗的亲自指导。这样，大家不仅知道了你弹钢琴有多么厉害，还知道你是一个有理想、有信念、能坚持把事情做好的人。

🈺 我要什么

介绍自己的期待，可以从个人成长、人际关系和未来的理想等角度阐述。

介绍了你的价值之后，你要告诉大家你的期待。自我介绍演讲的目的是促成演讲后的沟通交流。如果你只提供价值，说自己多么厉害，那会让很多想和你交流的人望而却步。因为一旦别人觉得你太厉害了，和你的心理距离就拉远了。这时候恰当地表达自己的期待，寻求他人的帮助，实际上是给想要认识你的人一个接近你的机会。

你可以从个人成长、人际关系和未来的理想等不同角度寻求帮助。比如，你觉得自己在数学学习方面还有待提升，你就可以说："在最近的学习中，我发现自己在进制的换算方面还不是很熟练，一直没有找到太好的方法，如果有在这方面擅长的同学，我特别愿意向大家请教。"

🈓 我怎么做

介绍自己未来的目标、近期的计划和现在的行动。

经过前三个环节的介绍，大家已经对你有了一些深入了解，这时候你需要加深大家对你的印象，展现你的与众不同。在最后一个环节，你要展现出自己的执行力，告诉大家你不仅是说说，而且是要落实在行动上的。

向大家介绍一下自己未来的目标、近期的计划和当下的行动，是一个非常不错的选择。很多同学并没有思考过自己未来的目标，那就让自我介绍演讲成为一个思考的契机，这也会促使你更好地把握自己的发展方向。

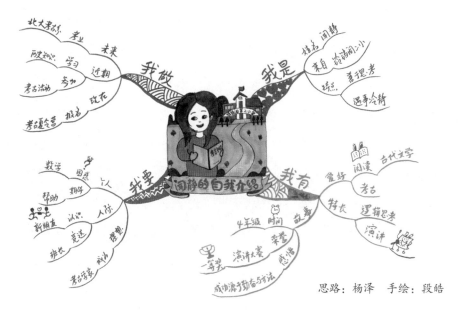

思路：杨泽　手绘：段皓

5年级刚刚分班之后，闻静在语文老师"大老杨"的指导下，进行了自我介绍演讲，下面是她的演讲稿。

各位同学，大家好！

我叫闻静，闻是听闻的闻，静是安静的静，我说话声音不大，给人很安静的感觉。我相信，大家和我交流的时候，就会想起我的名字。我来自铃铛阁二小四年三班，是一个善于思考、遇事冷静的女孩儿。

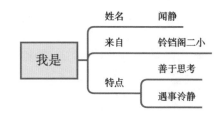

我平时喜欢阅读古代文学作品，如《封神演义》《三国演义》《水浒传》《红楼梦》等，还喜欢看与考古相关的书籍。我觉得这些书籍可以给我们带来无限的遐想。朋友们都说我善于思考，逻辑清楚，每次做思考题的时候，我都是第一个想出答案的，小伙伴们都羡慕不已。除此之外，我还喜欢演讲，喜欢站在台上和大家一起交流。四

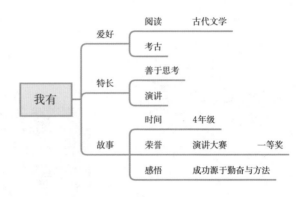

年级的时候，我获得了市级演讲大赛的第一名，这是令我非常自豪的一件事情。（故事）不是因为它给我带来了多么大的荣誉，而是因为通过这次经历，我懂得了成功源于勤奋与方法。（全句）

和大家说一个小秘密，我的数学成绩不是很好，有些题目总是搞不清楚，特别希望在这方面擅长的同学可以给我一些帮助。在我们的大家庭中，我希望可以认识更多的新朋友，如果有机会，我希望可以成为班长，从而更好地为大家服务。

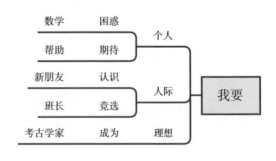

我将来的理想是成为一名考古学家，为了这个理想，我做了一些实际的工作，拜访了很多学者和老师。大家都鼓励我考北京大学考古系，我也以此作为自己的目标。所以，从现在开始，我就要刻苦学习历史知识，多参加考古活动。

目前我已经报名了明年的考古夏令营，也欢迎有兴趣的同学一起加入，我们共同进步！

非常开心可以加入我们团结的大家庭，希望和大家成为好朋友。

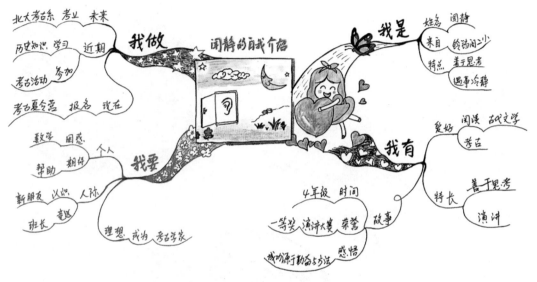

思路：杨泽　手绘：段皓

黄金圈

黄金圈指的是三个套在一起的圈。最里面的一圈是 Why（为什么），中间一圈是 How（如何做），最外圈是 What（是什么）。

这个法则最早由西蒙·斯涅克（Simon Sneck）在《从"为什么"开始：乔布斯让 Apple 红遍世界的黄金圈法则》中提出，说的是一般人思考问题是按照 What——How——Why 的顺序展开的。而思维高手在和人沟通时，往往通过 Why——How——What（也就是从内圈到外圈）的结构顺序，向人们阐述他们做事的动机（愿景）、方法、具体特征，这样能够更容易地激发人们的热情。

Why（最内圈）：主要讲的是目标、使命、理念和愿景。

How（中间圈）：主要讲怎么做，也就是具体的操作方法和路径。

What（最外圈）：主要说明这件事情是什么，有什么具体的特点，或者已经达成的结果。

闻静要说服玉鼎真人出关相助，也可以用黄金圈结构来表达。

首先，她可以从黄金圈结构的最内圈说起，也就是说明为什么玉鼎真人一定要出手相助，以及他的帮助对于拯救天下苍生有什么意义。

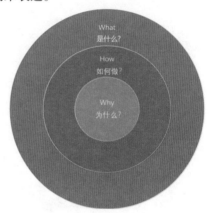

其次，是黄金圈中的中间圈，也就是说明花狐貂是如何残暴地吃人的，天下英雄是如何奋起反抗的，以及闻静是如何千方百计召唤玉鼎真人的。

最后，讲黄金圈的最外圈，即击败花狐貂的法宝究竟是什么，带来的重要影响是什么。

思路：杨泽　手绘：杜海霞

总结一下，黄金圈骨架模型特别适合用于说服他人的演讲。（Why）我为什么要找你来做这件事？（How）这件事如何帮助、改变他人？（What）这件事如何做、有什么价值？在这三个部分中，如果能加入故事和金句，那么将是一个高手级的演讲。

金字塔

金字塔原则最早源于芭芭拉·明托的《金字塔原理》。芭芭拉·明托是世界著名咨询公司麦肯锡的咨询顾问。她发现，身边那些给大公司做咨询的同事，在讲话和写文章时常常缺少逻辑，无法做到高效沟通。于是她就开了一门课，教大家如何更明确地表达自己的观点，如何更高效地解决问题。没想到，这门课非常受大家欢迎，课程的核心理念"金字塔原则"也迅速风靡世界。

金字塔原则简单来讲，就是任何事情都可以归纳出一个中心论点，而此中心论点可由至少三个论据支持，这些一级论据本身也可以是个分论点，被二级的三个论据支持，如此延伸，形状就像金字塔一样。如果大家觉得比较复杂，下面的图可以让大家对金字塔模型一目了然。

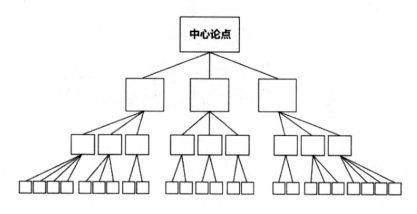

金字塔模型示意图

金字塔模型在解决问题类演讲中非常实用。我们在演讲时可以从"**明确问题——分析原因——寻找对策——汇报结果**"四个角度来确定演讲骨架。

如何用这个演讲骨架来解决小白他们遇到的问题呢？方法如下。

明确问题：魔家四将攻打西岐，姜子牙接连失败，再无人可派，西岐命运危在旦夕。

分析原因：魔家四将的法宝都很厉害，但花狐貂是问题的关键。第一，它行动快速，来去

无踪，无法防御；第二，它嗜血成性，一旦被咬，就必死无疑；第三，它的唾液有毒，被咬之人会被感染，造成人咬人的局面，难以控制。

寻找对策：要打败花狐貂，就必须从防御和进攻两方面入手。防御措施方面，第一，加强营垒，使之密不透风；第二，令将士穿上盔甲，以防被咬；第三，将感染之人隔离，避免传染。进攻措施方面，小白、闻静等人立刻启程找玉鼎真人相助，借助杨戬和哮天犬的法力，除掉花狐貂。

汇报结果：运用"是有要做"、黄金圈、金字塔原则，顺利点燃金霞洞三昧真火，召唤玉鼎真人出关，运用思维导图演讲法成功说服真人派出其徒弟杨戬，帮助姜子牙克敌退兵。

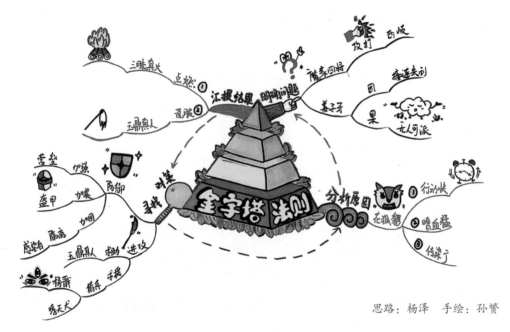

思路：杨泽　手绘：孙赟

上述就是简单好用的金字塔结构模型。大家掌握了这个结构后，就可以在班级的会议、发言、成绩汇报中使用了。

掌握了思维导图演讲法，闻静等人成功地得到了杨戬的帮助。杨戬带着哮天犬下山，用九星神石成功收服了花狐貂。

156

举一反三 快速构思演讲稿

请大家运用本章介绍的思维导图演讲法进行一次公开演讲。

第十一章

破青龙关 创意改造
思维导图创意法

神 将	土行孙（地空星）
道 具	十星神石（褐）

事件

申公豹鼓动土行孙偷了捆仙绳，杨戬变成美女智擒土行孙。土行孙将功补过，献出十星神石，并拿下青龙关。小白使用思维导图创意五法，将青龙关改造成军事要塞。

杨戬带着哮天犬下山，用九星神石收服了花狐貂，破解了魔家四将对西岐的攻击，立下头功。他的师父玉鼎真人命他留在姜子牙身边，助武王完成统一大业。申公豹看到自己的计谋没有得逞，就打起了捆仙绳的主意。捆仙绳是玉虚十二仙之一惧留孙的法宝，祭出之后可以自动捆绑敌人。惧留孙是申公豹的师叔，法力高强。于是，申公豹用钱财和美色诱惑惧留孙的徒弟土行孙，让他偷了师父的捆仙绳，下山投奔纣王，享受人间的荣华富贵。

土行孙虽然法术不高，但擅长遁地术，只要双脚挨地就可以逃得无影无踪。他偷得捆仙绳后，一连抓了很多西岐将领，就连哪吒都被他抓了。正在这危急关头，杨戬变成美人的模样，活捉了土行孙，劝他投诚西岐，助周灭纣。

土行孙为将功补过，施展遁地术，偷袭了张桂芳把守的青龙关。

"不好啦，张将军，土行孙趁守卫不注意打开城门，黄飞虎带领西岐大军攻进来啦！"听到前方士兵来报，张桂芳大呼糟糕，后悔当初放过黄飞虎。

现在情况危急，张桂芳也顾不得许多，连忙和手下商量逃跑的路线。没想到土行孙早已躲在角落，将他们的密谈听得一清二楚。没过多久，张桂芳就被闻讯赶来的黄飞虎生擒，并交给姜子牙发落了。

小白等人受姜子牙之邀赶来，发现青龙关已经被攻克，姜子牙要将其改造成军事要塞，将这个任务交给了小白。小白对这件事可犯了难，他可不懂如何改造军事要塞。正在他愁眉不展之时，突然发现身边站着一个又矮又丑的人。

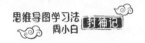

"敢问，阁下难道是土行孙？"小白问道。

土行孙看了看小白，只觉得此人虽是小孩，但气度不凡，在军营中来去自如，定非等闲之辈，便恭敬地答道："回禀大人，俱留孙门下土行孙是也！"原来，小白千方百计寻找的第十一位神将就在身边，有了土行孙的技能，北冥神玉就有能量召唤"大老杨"了。

于是，小白和土行孙说明了自己的请求，土行孙欣然贡献出了自己的技能。北冥神玉瞬间迸发出幽翠的光芒，小白耳旁又响起了"大老杨"熟悉的声音。

"小白，这次又遇到什么问题了？""大老杨"问。

"老师，姜丞相要我把青龙关改造成军事要塞，这我可不会呀！"小白连忙问道。

"嗯，这确实有些难度，不过，你可以用'除替改调合'的创意五步法来试试。我们曾经用它做过创意改造故事的活动，你还记得吗？"

"除题改跳河？"小白一时间没反应过来，以为"大老杨"又揭他的老底呢，"您还记得我上次做除法题的事呀，那次，我，我真的是改到想跳河了！"

"怎么又做题又跳河，什么乱七八糟的，我说的创意五步法指的是去除、代替、改造、调整、合并，简称'除替改调合'。我们还用这个方法做过故事的改写呢。"

思维导图创意五法："除替改调合"

思路：杨泽

手绘：戚晓莹

除（去除）：去除就是做减法，将事物原本的元素分解开，看看有哪些元素是可以被去除或省略的，去除那些没有必要的元素，从而达到更加简洁的效果。例如，苹果手机去掉所有的按键，只保留了一个具有返回功能的圆键，这一改变引领了手机设计的潮流。

替（代替）：代替就是用其他事物替换原有的事物。想想有哪些东西可以被替换掉，有时候替换很小的地方或很小的一个部分，就能获得很好的创新效果。传统的夹心饼干很早就出现了，可奥利奥把夹心饼干外面的普通饼干替换成了巧克力口味的饼干，这个改变让奥利奥在1912年一上市就成为美国最畅销的夹心饼干之一。

改（改变）：改变可以从不同角度进行，可以对事物的材料进行改变，可以对事物的大小和形状进行改变，还可以对于事物的用途进行改变。一个典型的例子就是小仙女的魔法棒，可以把人变大、变小、变漂亮，这就是对大小和外形进行改变的创意。

调（调整）：调整需要我们对原来的事物进行逆向审视，重组或颠倒它的特质和功能，并对其进行改造和优化，以达到意想不到的创意效果。网红脏脏茶、脏脏包就是这样的例子，一般人认为脏的东西是不能吃的，可用食材做出脏脏的样子却成了爆款。这就是调整的威力。

合（合并）：合并是将两个不同的事物组合起来，达到1+1>2的效果。大家最熟悉的例子就是铅笔和橡皮的组合。原来我们写错的时候，常常因为找不到橡皮而烦恼，结果就有人发明了带橡皮的铅笔，大大节省了我们找橡皮的时间。

"哇哦，听起来很有趣呀！"小白听了"大老杨"的讲解，大声说道，"我想起来了，上次我们是不是用这个方法改编小红帽的故事了？"

运用创意五法改造
经典故事 & 创意解决问题

小红帽

很久很久以前，有一个可爱的小女孩跟爸爸妈妈住在一个小村庄里。

小女孩长得很可爱，又很乖巧，大家都喜欢她。尤其是她的外婆，最疼她了。

今年，小女孩过生日，外婆特地从森林里的家赶来，为她庆生，并且送给她一件连着可爱帽子的红色披风。

小女孩谢过外婆后，马上把披风穿在身上，高兴得直转圈圈。

第二天，小女孩穿着披风，戴上连身的帽子，快乐地跑到外面玩耍。大家看到小女孩的红帽子，都称赞小女孩的红帽子漂亮，于是她就每天戴着，舍不得摘下来。村子里的人都叫她"小红帽"。

有一天，妈妈对小红帽说："外婆生病了，你帮妈妈带一些蛋糕和葡萄酒去探望她吧。"妈妈又特别吩咐："外婆住在森林里，路途很远，你在路上要小心，不要贪玩！"

小红帽跟妈妈挥手再见后就蹦蹦跳跳地上路了。这是她第一次自己去外婆家，所以特别高兴。她刚一走进森林，就遇到了一匹大野狼。大野狼假装和善、亲切地笑着说："可爱的小姑娘，你要去哪儿呀？"

小红帽不知道大野狼是喜欢吃人的大坏蛋，因此笑眯眯地回答："大家都叫

163

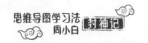

我小红帽，我要到森林里的外婆家。外婆生病了，我带好吃的东西去给她。"

大野狼蹑着脚，悄悄地跟在小红帽的后面。它伸出尖尖的爪子，张开大大的嘴巴，正准备抓小红帽来吃时，忽然听到一声喝："坏野狼，你想干什么？"一个樵夫从树后面跳出来，挥起斧头要砍它。

大野狼吓得急忙逃走了。小红帽继续往前走。走了一会儿，小红帽看到路边有一片野花开得又香又美。"哇！好美的花儿，摘一些送给外婆，她一定会很高兴的。"

小红帽蹲下来，快乐地摘花。大野狼又躲在大树后面偷看，大野狼心想："嘿嘿，好机会来了，趁她蹲着摘花，我正好扑上去抓住她。"

大野狼冲了出来并向小红帽冲过去。突然，"哎哟——"，原来它正巧踩到草丛里的捕兽夹，痛得"哇哇"大叫。

小红帽采完花，继续往外婆家走，根本没听到大野狼的惨叫声。大野狼拔不开捕兽夹，只好哭哭啼啼地拖着夹子，一拐一拐地往家走。

大野狼回到家以后，越想越不甘心。它非得吃掉那个白白嫩嫩的小红帽不可。

"有了，我有好方法了！"大野狼说，"我先到小红帽的外婆家，把她的外婆吃掉，再等小红帽上门。"

大野狼决定了以后，马上去往小红帽的外婆家。"砰砰砰……"大野狼敲响了外婆家的门，它装出小女孩的声音："外婆，我是小红帽，我带东西来看您了！"

外婆听到小红帽来看她，高兴极了，可是她觉得声音怪怪的，因此问道："小红帽，你的声音怎么怪怪的？"

大野狼马上回答："外婆，我跟您一样感冒了。喉咙好痛，所以声音不太一样了，您快开门让我进去吧！"

外婆心疼地说："可怜的小红帽，感冒了怎么还跑这么远来呢？"

外婆急急忙忙地跑去开门，却看到一匹大野狼。大野狼张开血红的大嘴巴，朝外婆扑上来，并且说："哈哈哈……我是来吃你的。我好几天没吃东西了，饿死了！"

外婆吓得浑身发抖，却没有地方可逃。大野狼张牙舞爪地扑到她身前，"咕噜"一声，把外婆整个吞到肚子里去了。

吃掉外婆后，大野狼穿上了外婆的睡衣，爬到床上，装成外婆正在床上睡觉的样子。不一会儿它就听到小红帽一路唱着歌儿向着外婆家走来。

大野狼听到歌声，赶紧把棉被拉高，尽量把头盖起来。

"砰砰砰……"小红帽敲了敲门。等了一会儿，就自己推门进来了。

小红帽说："外婆，您好些没有？我带了很多好吃的东西来看您，快起来嘛！"

大野狼说："噢，你来了，我的乖外孙女儿，外婆正想着你呢！"

"外婆，您的声音好怪呀。"小红帽说。

大野狼说："我感冒了，声音才变了！"

"外婆，您真可怜。"小红帽拿着花儿走到床边，安慰外婆说："外婆，我特地为您采了一些花，您看，漂不漂亮？我把花放在花瓶里吧。"

"小红帽，谢谢你，快过来让我仔细瞧瞧你是不是又长高了。"大野狼说。

小红帽听话地走到床前，她看见"外婆"时吓了一跳，说："外婆，您……您的耳朵变得好大呀！"

　　大野狼赶忙用棉被把脸盖紧，只露出两只大眼睛和大耳朵，回答道："耳朵大才听得清楚你说什么话呀。"

　　"可是，您的眼睛也变得好大。"

　　"这样才看得清楚你的脸呀。"

　　"可是……您的嘴巴也变得好大好大呀！"

　　"嘴巴这么大，才可以一口把你吃掉呀！"

　　大野狼一下从床上跳了起来，不但推倒了床边的桌子，还打翻了花瓶。

　　小红帽差点儿吓昏过去。"哎呀，怎么是大野狼？我的外婆呢？是不是被你吃掉了？"她想喊救命，却叫不出声音来，想逃也跑不动，很快就被大野狼抓到了。

　　大野狼张开大嘴，"咕噜"一声，连咬都没咬，就把小红帽吞到肚子里去了。大野狼摸了一下撑得胀胀的肚子，满意极了。它自言自语地说："一口气吃下两个人，肚子太饱了。我要睡个午觉。"

　　大野狼捧着大肚子往床上一躺，马上就睡着了，而且睡得很熟很熟，"呼呼"的鼾声大到整个森林都听得到。

　　这时正在森林里追捕狐狸的猎人来到了小红帽外婆家门口，他觉得很奇怪：为什么屋里传出那么可怕的打呼声？这是怎么回事？

　　猎人悄悄打开外婆家的门，发现大野狼挺着好大好大的肚子，躺在老婆婆的床上，舒舒服服地睡得正香呢。在大野狼肚子里的外婆和小红帽听到有人推门，马上大声喊叫："救命啊！"

　　猎人终于明白，原来大野狼这个可恶的家伙，把外婆和小红帽吃到肚子里去了。猎人说："还好，你们还活着。我赶快把你们救出来吧！"

猎人拿出一把大剪刀，趁着大野狼还没有睡醒，用最快的动作，"咔嚓咔嚓——"很小心地把大野狼的肚皮剪开了。

外婆和小红帽从大野狼的肚子里跳了出来，说："谢谢，谢谢您救了我们祖孙二人！"

大野狼睡得太香太熟了，连肚皮被剪开了都不知道。"这匹大野狼实在太坏太可恶了，我们想个办法好好处罚它一下吧。"

三个人商量好了，决定在剪开的野狼肚子里装一堆石头。

一块、两块、三块……小红帽一边搬石头，一边数数儿，直到数到一百。猎人说可以了，便请外婆用针线把大野狼的肚皮缝了起来。

猎人说："我们先到外面躲起来，看大野狼醒过来会怎么样。"

等了好一会儿才听到大野狼自言自语地说："啊，睡得好舒服哇！"

"咦，肚子怎么这么重？她们俩有这么重吗？啊，好渴，好想喝水呀。"

大野狼想喝水，可是站不起来。大野狼努力了半天，好不容易才下了床。它很吃力地一步一步走出了外婆家，一直往外面走。

"奇怪，好渴呀，真受不了。"大野狼一边走，一边自言自语。它走到一口井前面，没想到探身打水的时候，因为肚子里的石头太重，竟"扑通"一声，栽进井里，再也爬不上来了。

猎人、小红帽、外婆三人又叫又笑，真是高兴极了。小红帽看着外婆说："外婆，您的感冒好些了没有？"

外婆笑着说："嗯，这一吓，把病都给吓好了。我都忘了自己在生病。"

他们三个人一起，吃着小红帽带来的蛋糕，度过了一段快乐的时光。

"时候不早了，小红帽该回家了。"

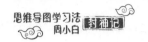

外婆在小红帽的篮子里装满了又香又甜的草莓，并且对她说："小红帽，赶快回家去，别贪玩，也不要随便和陌生人聊天哦，祝你平安到家。"

"我一定乖乖听话。外婆，再见。"

小红帽向外婆挥挥手告别了。

去除：想一想故事中哪些元素可以去掉，如果去掉小红帽的红帽子会怎样？她会不会露出一头飘逸的金色的秀发呢？如果去掉小红帽带给外婆的蛋糕和葡萄酒会怎么样呢？妈妈会让她去找外婆做什么呢？如果去掉猎人这个角色会怎么样呢？小红帽该通过什么方式脱险呢？

代替：思考一下哪些元素可以被替换掉，换成新的元素。猎人救了小红帽之后，把她从一个弱者变成了一个女战士，送给她红色盔甲，代替了她原来的红斗篷，之后小红帽杀了大野狼为外婆报仇。这就成了一个复仇的故事。

改变：思考一下可以改变现有的哪些元素的性质、形状和用途。如果小红帽意外地变大，故事会怎么发展呢？她也许就不会再怕大野狼了。如果再大一点儿呢？变成哥斯拉那么大，就可以称霸森林了。如果妈妈和小红帽早就知道森林里有狼出没，要铲除这个祸害，就在蛋糕和葡萄酒中下了毒，故意让大野狼吃下去。蛋糕和葡萄酒就被改变了用途，从给外婆的礼物变成了杀恶狼的武器。

调整：思考一下将大野狼和小红帽的善恶角色调转一下会怎么样。大野狼变成了一个外表凶恶、内心胆怯、人畜无害的小动物，而小红帽变成了一个外表美丽、专门杀狼卖狼皮的凶狠角色，故事又会如何发展呢？

合并：思考一下将《小红帽》的故事情节与其他经典童话中的元素合并，会产生哪些奇妙的效果。例如，和《灰姑娘》合并，让小红帽遇上仙女教母，仙女教母变出一辆南瓜马车让小红帽赶在大野狼之前到达外婆家。再如，和《白雪公主》合并，后母让小红帽带毒苹果给外婆，要毒死外婆，拿到外婆的巨额遗产。小红帽无意中得知了苹果有毒，和途中遇到的小狼一起想办法救了自己的外婆，最终战胜了后母。

思路：杨泽　手绘：戚晓莹

　　大家只要试着从这五个方面进行思考，就会得到许多奇思妙想。有了创意五法，我们就再也不用担心改编故事和续写故事了。

　　小白听完之后茅塞顿开："果然是厉害的创意方法啊！有了这创意五法，我便会改造军事要塞了。"

　　去除：先去除青龙关不必要的机构设置，主要保留军事供给部门和防御部门，突出军事要塞的功能。

　　代替：用石头代替原来的木头，重新加固城墙，同时加高城墙，让青龙关变得易守难攻。

　　改变：增加战斗部队的人员数量，增加士兵的操练时间，增强军队的战斗力。改变战斗队形，通过多样化的战略部署，组建可攻可守的先锋部队。

　　调整：将一部分青壮年农民作为战斗力量，让有经验的士兵组织训练；让妇女和老人负责生产补给；找好的老师，对儿童进行教育培养。

合并：联合其他重要关口，形成统一的防御战线。建立烽火台，一关有难，三关救援，让防守牢不可破。

"小白，你真是天才呀！这个方案听起来真的太棒了！"闻静听完，向小白投来了崇拜的眼神，看得小白都有点儿不好意思了。

运用创意五法改编《灰姑娘》的故事，或尝试解决生活中的一个实际问题。

第十二章

武王伐纣 子昂献策
思维导图分析法

神 将 *武王姬发（武曲星）*

道 具 *十一星神石（金）*

事件

在周小白的协助下，武王成功将青龙关改造成了军事要塞，率领三路大军一齐攻打朝歌。在世纪之战爆发之前，文王请出神秘人运用思维导图战略分析法帮助武王分析周边的战局和形势，顺利帮助武王打败了纣王，统一了天下。

原来在武王救出文王姬昌之时，神秘人便随文王返回了西岐，一直伴随在文王左右，为其出谋划策，辅佐武王成就了大业。在册封庆典时，经过一番思想斗争，他决定和周小白一起返回未来，自证清白，为自己洗刷冤屈。

解封
技能　战略分析模型

　　文王得知武王将要出兵朝歌，一举灭商。他赶忙触动文王殿机关，看四下无人，便进入密室之中。这密室不似想象中那样狭窄、阴暗，反而富丽堂皇，如同一座宫殿，比起文王殿也毫不逊色。

　　要问这密室中所居何人，正是曾在羑里帮助文王脱险的神秘人。神秘人在文王被救之后，便跟随文王潜回西岐，一直伴随在文王左右。由于救文王有功，神秘人一直被西岐奉为重要人物。文王担心泄露了神秘人的行踪，节外生枝，便秘密修建了这座与文王殿相通的密室，方便有军国大事时向神秘人请教。

　　神秘人听说周武王要攻打朝歌，推算了一下时间，告知文王切不可操之过急。需要等待两个月，在帝辛三十年正月甲子日清晨（公元前1046年1月20日早晨）发兵，此日岁星（木星）在中天，十二星汇集，可借助十二神将之力，一举攻克商王帝辛（纣王）。

　　神秘人向文王提议，在这两个月内，可以通过SWOT战略分析法进行充分的部署，通过分析我方的优势、劣势、机会和威胁，扬长避短，调动一切可以调动的力量，避免一切可能导致失败的问题，以保证灭商大计万无一失。

　　文王知道神秘人学识渊博，学贯古今，忙向他请教何为"SWOT战略分析法"。神秘人解释道："SWOT战略分析法原本是我在学校时用于战略分析和自我定位的方法。所谓SWOT，是优势（Strength）、劣势（Weakness）、机会

（Opportunity）和威胁（Threat）四个英文单词的首字母缩写，将与研究对象相关的各种内部优势、劣势和外部的机会、威胁，通过调查分析的方法列举出来，按照二维矩阵进行排列，然后用系统思考的方法加以分析。"

说着，神秘人画了起来。

SWOT 分析法

这个矩阵由横纵两条线交叉而成，横线的两端分别是内因和外因，纵线的两端分别是积极和消极（好的和坏的）。由两条线分割而成的四个区域分别是优势、劣势、机会和威胁。优势和劣势是来自自身的，属于内因；而机会和威胁是来自外在环境的，属于外因。

通过对优势、劣势、机会和威胁的梳理，我们就可以做到知己知彼，进而寻求方法，克敌制胜。然而，SWOT 分析矩阵的最大问题在于，这个模型只为我们提供了思考的方向，却没有提供发散思考的路径。因此，我们想到的只是一些散落的要点，很容易导致战略上出现疏漏。要做到全面而严谨的思考，我们就需要将思维导图的发散思维与SWOT分析相结合，形成更加强大的思维导图SWOT战略分析法。

思路：杨泽

手绘：孙赞

"我在考博士之前，曾经使用思维导图战略分析法做过一次自我分析。分析之后，我对自己的追求和未来的发展方向有了一个清晰的认识。"神秘人一边说，一边继续绘制导图，"当时，我对历史和考古非常感兴趣，阅读了大量文史类书籍，尤其对先秦和两汉的历史非常熟悉，深刻地理解了历史发展的大趋势。也正是为了更好地求证商周时期的历史，我后来参与了小屯殷墟的发掘工作，这都是后话了。我对自己热爱的工作可以说非常专注，甚至达到了执着和痴迷的程度。这些算是我的优势吧。"（优势）

"但当时我研究生刚刚毕业，学术资历尚浅，在学术圈的地位也不高，只有几篇论文零散地发表在一些主流刊物上，在业界并没有什么话语权。这是我的劣势。"（劣势）

"不过，好在我所在的学校是全国一流学府，我的导师也非常赏识我，提供给我很多机会和平台。父母也支持我继续读书，我也没有女朋友，没有任何的情感牵挂。这些外部的机会可以让我继续读书，专心进行学术研究。"（机会）

"我想了想，其实来自外界的威胁并不是很多。在我研究的领域，史料还不是很充足，有大量可以研究的内容，很多重要的文物还没有出土，需要有人去挖掘。如果没有一个更高的平台和强有力的资金支持，我确实没有机会去亲自进行实践。"（威胁）

思路：杨泽　手绘：秦洁

"将当时的优势、劣势、机会和威胁都列出来之后，我发现读博是一个很好的选择，这样我就可以弥补自己学术资历、地位上的不足，并上升到一个更加广阔的平台。同时，可以接触到国家级的一些考古项目，改变史料不足的现状。

"在进行自我分析之后，我便下定了继续读博的决心，最后成了一名考古学家和大学教授。可是，没想到阴错阳差地竟然来到了文王这里。"说罢，神秘

人便一声叹息，纵然身享荣华富贵，也难掩他的思乡之情。

"老师，切莫悲伤，待天下一统之后，我定举全国之力，寻找能人异士，相信一定可以找到穿越之法，让老师与家人团圆。"文王姬昌在羑里向神秘人学习后天八卦之后，便一直尊称神秘人为老师，并以老师之礼恭敬待之。神秘人一方面感念文王的礼遇，一方面深知助周灭商是历史大势所趋，因此，一直秘密为文王、武王出谋划策。

文王想要册封神秘人为国师，可神秘人说文王要找的国师并不是他，而是在渭水之滨直钩垂钓的姜子牙，文王这才喜得姜子牙这位奇才。可是，在文王每次遇到大事之时，首先想到的并不是姜子牙，而是这位来自未来的神秘老师。

"老师，这思维导图SWOT战略分析法可以助您看清人生方向，是否也可以助我西岐看清国运前途？"文王现在最担心的就是，西岐对抗朝歌能否以少胜多，一统天下。

 武王伐纣的 SWOT 战略分析

神秘人思索片刻，缓缓对文王说："您觉得，西岐对抗朝歌，我们的优势是什么呢？"

文王想了想说："现在纣王荒淫无道，天下欲除之而后快。我儿姬发伐纣，

是天下人心所向。另外，据我所知，闻仲死后，朝歌再无能人异士，像武成王这样的忠君爱国之士，也被逼到走投无路，投奔我西岐。现在纣王可以说是众叛亲离。这可以说是我们的优势。"

神秘人没有讲话，示意文王继续说下去，他边听边画思维导图。

"可瘦死的骆驼比马大，朝歌现在依然是天下军事的中心，有17万大军驻扎在周围，而我西岐士兵不过数万，即使联合各路诸侯大军，加起来也与纣王的兵力相差甚远。这是最让我担心的呀！先王时代，天下太平，西岐士兵没有太多作战经验。这次又是远征，西岐将领不熟悉朝歌的作战环境，我担心他们吃亏呀。"说完，文王便叹了口气，一副十分担忧的样子。

神秘人宽慰道："依我看，我们倒不是没有胜算，如果可以借助外在的机会，则可以少胜多，反败为胜。"

"哦，望老师赐教！"文王看到神秘人似乎胸有成竹。

"从外部的机会看，闻太师死后，朝歌已经没有精兵强将，武力战备松懈，没有战车可用。而我们有姜子牙亲自建造的战车300辆，可以极大提升我们的战斗力。而且，纣王帝辛暴虐无道，残害忠良，将领们均忙于奉承妲己，恐遭杀身之祸，全无心应战。只要我们联合诸侯大军，同时暗中派先遣部队扮成百姓模样，混入朝歌，散布消息，说武王将拯救百姓，只要百姓归顺大周，定可安居乐业。待武王发兵之时，可以里应外合，一举攻下朝歌城。"

"可会不会出现什么意外？"文王还是不放心。

神秘人思索片刻，缓缓说道："意外总难避免，但只要我们做好万全准备，灭商便是大势所趋。十二神将齐聚之时，纵使纣王有通天本领，也难以翻身。"

文王听完神秘人的分析，依然非常担心。他感觉对话的信息量好大，他头脑有些混乱，不知武王此举是否可以成功。

神秘人看出了文王的担忧，进一步解释道："我们在做战略分析的时候可以分两种思维模式展开。一种是自上而下的发散式思维；另一种是自下而上的归纳式思维。让我来分别解释一下吧。"

发散式思维

发散式思维即从中心向四周延伸的思考模式。例如，想到军事实力，就会想到进攻，由进攻想到防御。由进攻又想到所需兵力和进攻时机，由兵力想到自身兵力和联军兵力。由防御又能想到青龙关要塞可以作为退守的根据地。这就是发散式思维模式。

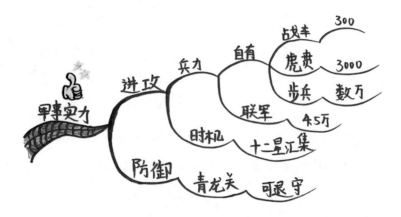

归纳式思维

归纳式思维即从四周向中心聚拢的思考模式。例如，朝歌目前没有精兵强将，战备废弛，没有强大的战车，军队将士也无心应战等，这些都是朝歌方面的情况。有了"朝歌"这个关键词，我们就可以做同阶层的联想，那么西岐的情况呢？其他诸侯国的情况呢？西岐的军队都很团结，斗志很强，诸侯国正派大军增援，助力武王共同灭商。这些外部因素都是武王伐纣的机会。

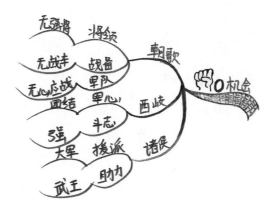

　　说罢，神秘人便将画好的思维导图铺开展示给文王看。文王见后大喜，连忙说道："得老师指点，真乃我大周百姓之福。有了这个战略分析图，我们就更加有把握灭掉昏庸无道的纣王了。"

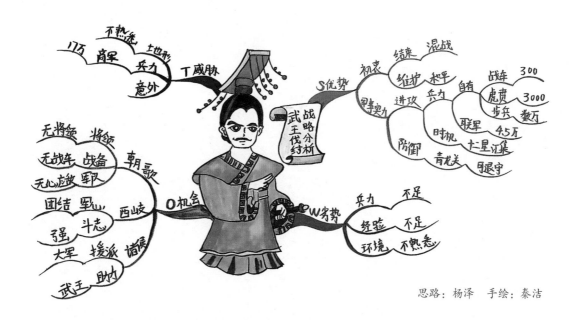

思路：杨泽　手绘：秦洁

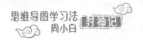

举一反三 SWOT 战略分析导图

运用思维导图战略分析法进行自我定位分析，找到自己的优势、劣势、机会和威胁。

终 章

寻回老太爷 功成而返

在周小白和神秘人的帮助下，文王和武王终于灭商成功，统一了天下，定国号为大周，周朝从此展开了壮丽的篇章。在这场正义与邪恶的斗争中，各路英雄展开了智慧与勇气的较量。有些人物已经随着历史的长河流逝，有些人物却凭借他们的精神一直活在人们的心中，渗透于中华文化的血脉中。

周小白和他的朋友因为一场意外而被卷入这场纷争中，又凭借他们在未来所学到的思维导图知识成功化解了这场危难，让黎民百姓远离了暴政。

由于护国有功，小白被武王封为护国大将军，一同被封为诸侯王的还有神秘人周子昂。在隆重、严肃的册封仪式上，周小白和周子昂碰面了。周子昂看到周小白身上的四象十二星次铜镜时，大吃一惊。在他穿越之后，这铜镜就神秘地消失了，归家的希望也随之破灭。铜镜的再次出现意味着他又有了回家的希望。

周子昂没有想到，自己眼前的这个护国大将军竟然是自己的重孙。命运就像是和周子昂开了个玩笑，一个铜镜，让他从人生事业的巅峰陷入了历史的漩涡中，又在他归家无望之时重新给了他希望。在姜子牙的协助下，小白得知这位神秘人姓周，名子昂，原来这神秘人不是别人，正是小白失踪多年的老太爷。只是老太爷因为时空穿越的原因，看起来只有50多岁。小白向老太爷说明了事情的原委及历史对他的误解。周子昂听后大吃一惊，没想到自己的重孙竟然

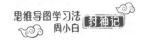

站在自己的面前。在了解了事情的来龙去脉之后，周子昂决定放弃自己的爵位，和周小白一起回到未来，回到自己家人身边，自证清白，为自己洗刷冤屈。

此时，四象十二星次铜镜已经收集了十一颗神石，而最后一颗神石就在文王姬昌手中。周子昂向文王讲明了自己回家的想法。文王对这位老师心怀感恩，很是不舍，曾多次挽留，但看老师去意已决，就将三星神石交到了周子昂手中。

三星神石化作一道耀眼的黄色光芒，瞬间飞到了铜镜上，此时铜镜的时空之门被再次激活。周子昂与小白等人，与文王、武王及曾并肩战斗过的诸位将领含泪话别后，步入了时空之门。

可是，让众人没有想到的是，申公豹对龙吉公主的五星神石动了手脚，封印了其一半的能量，让铜镜在启动时发生了意外，时空隧道中破开了一道裂缝。眼看小白就要掉入时空裂缝中，周子昂见状猛推小白一把，小白得救了，可周子昂却落入了时空裂缝中。

小白等人回到了现代，可周子昂却永远地消失在了时空的裂缝中。小白等人非常悲痛，却又无计可施。

虽然小白等人在商朝已经过了十几年，可是回到现代之后，发现时间才过了十几个小时。老师和同学们正到处找他们呢。因为这次的失踪，小白等人被老师记了处分，说他们没有经过老师的允许便擅自离开了营队。

一切又恢复了平静，好像什么都没有发生过一样，而这段经历也成了四个好朋友之间不能说的秘密。

一年后，小白的学校组织参观历史博物馆，小白在博物馆的名人堂上竟然看到了老太爷周子昂的名字。他的身份是著名文物专家，因发掘并保护了四象十二星次铜镜而闻名于世，享受国务院特殊津贴。而小白曾经贴身携带的四象十二星次铜镜也被陈列在历史博物馆的展柜中，成了"镇馆之宝"。

参考答案

第一章　举一反三

思维导图的作用可以参考下面的思维导图。

思路：王玉印　手绘：颜春丽

第二章　举一反三

思维导图参照前面正文。

第三章　举一反三

1. 对仗原则

绘制：丛桂婷　导师：王玉印

为什么这样改呢?

首先，文章主题是"四个太阳"，虽然是分别送给了四个不同的季节，但主要还是从四个太阳的角度来表述的。因此虽然小朋友图中写了春夏秋冬，从对仗上来说也不错，可是从内容主题上来说仍有一些不妥。

其次，我们会发现用春、夏、秋、冬来作为主干，后面的内容结构很难做到对仗，很难厘清。而遵循原文意思把四个太阳作为主干，后面的内容梳理起来就容易了。

2. 十二字真经

用"十二字真经"来发散思维，可以想到同学的外貌、语言、动作、性格、事例等。用这样的方式进行思考，会有许多想法"争先恐后"地冒出来。

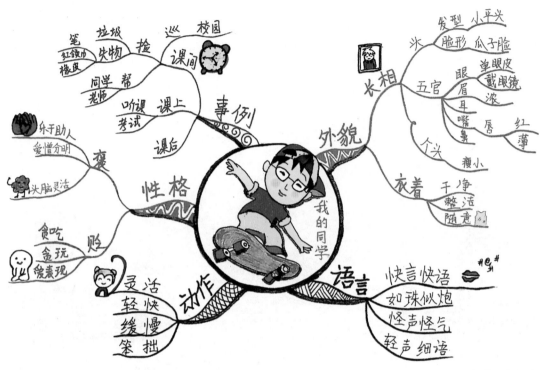

绘制：黄新恩

　　是的，这一步可以先尽情地打开脑洞，然后从中选择自己最想表达的某几个点，这些点或许是让你印象最深刻的，也或许是最能表现同学特色的，最后辅以具体的事例来体现这些特点。

　　写作文之前先用"十二字真经"来发散思考，不仅不愁素材，而且可以从中选择最能打动人的点，让作文变得有血、有肉、有创意。

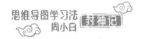

第四章　举一反三

　　本文告诉我们，要积极参与到竞争之中，锐意进取，保持活力，不能被胜利冲昏头脑。（或用原文回答：在人生漫长的征途中，对手是同行者，也是挑战者，是对手唤起了我们挑战的冲动和渴望；失去对手，我们将失去一切。）

第五章　举一反三

　　《凉州词二首·其一》的图像展现。

手绘：颜春丽

用思维导图绘制《桃花源记》示例。

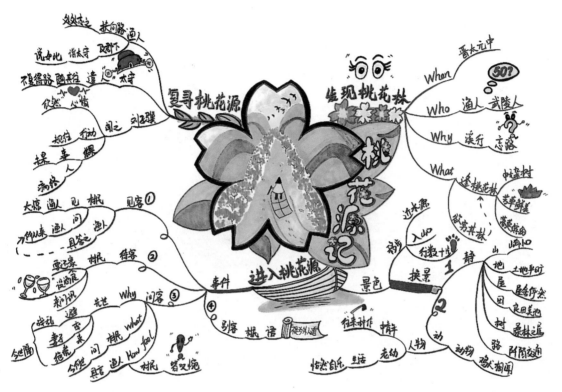

思路：范万勇　手绘：孙赟

第六章　举一反三

起：第一段，交代了故事的起因，小驴生病，灰驴想请猴大夫，小白兔毛遂自荐。

承：第二段，乌龟请命，起到了承上启下的作用，为后文小驴的死做铺垫。

转：第三段到第八段，猴大夫来了，小驴却已经断气了，这时情节发生了转折。灰驴责怪猴大夫和乌龟，猴大夫的话引出了最后灰驴的反思。

合：灰驴反思自己的过错，引发读者的思考——凡事一定要考察清楚再做决定，否则将害人害己。

第七章　举一反三

用系统复习法复习《英语（五年级下册）》第一单元的示例如下。

思路：杨泽　手绘：颜春丽

评价标准

大家可以根据以下标准对自己的复习成果进行评分。

8~10分：能在小、中、大复习中熟练运用思维导图进行总结；熟练运用积累本、复盘本和例题集，并在考试前及时复习；熟练运用费曼学习法和他人讲授经典例题和易错题。

4~7分：能够自觉运用思维导图进行复习备考；有三大利器中的两个，并及时总结复盘；偶尔使用费曼学习法与小组同学交流。

1~3分：很少使用思维导图；三大利器仅有其一，且不常使用；从不使用费曼学习法与他人交流。

第八章　举一反三

一　缩句题

（1）爸爸听到锣鼓声和欢呼声。

（2）这是大楼。

（3）生态保护区生长着银杏树。

（4）我怀念朋友。

二　人物形象题

李绅是一个刻苦认真、精益求精同时又富有同情心的诗人。

三　作用题

起承上启下的作用。这一段是全文叙事的转折点，承接上文爷爷创业的成功，引出下文父亲的败家给爷爷带来的伤痛。

第九章　举一反三

用阶段学习复盘法复习《数学（三年级下册）》第五单元的示例如下。

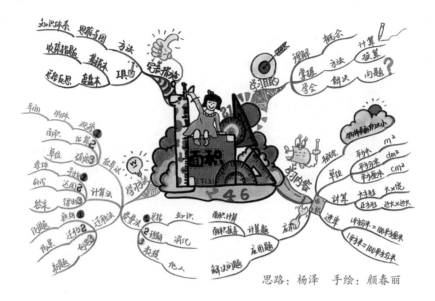

思路：杨泽　手绘：颜春丽

第十章　举一反三

用思维导图进行课前演讲的思路示例如下。

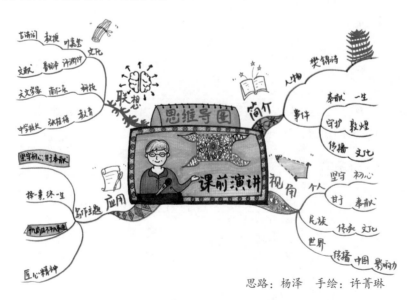

思路：杨泽　手绘：许菁琳

第十一章 举一反三

参考思路

1.去除：如果去除灰姑娘的水晶鞋，王子可以通过什么找到她呢？

2.代替：如果用自行车代替灰姑娘的南瓜马车，故事会发生什么变化呢？

3.改变：如果将仙女教母变成后母派来陷害灰姑娘的角色，仙女教母给灰姑娘的道具都是用来陷害她的，那么，灰姑娘要如何应对呢？

4.调整：如果将灰姑娘返家的时间推迟两个小时，从午夜十二点变成凌晨两点，这两个小时中会发生什么呢？

5.合并：如果将《灰姑娘》的故事和其他故事合并，主人公会发生怎样的奇遇呢？

下面我们用改变法和合并法来改编《灰姑娘》的故事。

改变：让《灰姑娘》的故事发生在中国。

合并：将《灰姑娘》的情节与《杰克与豌豆》的情节合并。

在很久很久以前，有一个叫作小薇的美丽姑娘，生活在中国湖南的湘西。原本，小薇有个幸福的家庭，可是，厄运女神却悄悄叩开了她家的大门。小薇的妈妈因为染上肺病去世了，爸爸马上又娶了一个漂亮的女人。不久，后母带着两个姐姐，住进了小薇的家。

刚开始，后母对小薇还不错，可后来，这个外表美丽但内心无情的女人，每当爸爸不在家的时候，便让小薇做脏活累活，还让她伺候两个姐姐。小薇告诉爸爸自己的遭遇，可是爸爸不相信，因为每次他在的时候，后母都对小薇很好。小薇只能默默忍受后母和姐姐们的欺负。

转眼间，妈妈的忌日要到了，小薇要去给妈妈扫墓，她终于有一天能摆脱

后母和姐姐们的魔掌了。这一天，小薇带上爸爸给她准备的干粮走出了家门，那一刻，她像小鸟一样轻快欢乐，还哼唱着美妙的歌。走着走着，她看到路旁倒着一个老爷爷，他看上去非常虚脱。善良的小薇连忙走过去，询问老爷爷的情况。原来，老爷爷是从外省躲避战乱到这里来的，路上的干粮吃完了，现在饿得一点力气也没有，再也走不动了。小薇听说了老爷爷的讲述后，非常同情他，于是，把自己的干粮给了他。

老爷爷吃完了干粮，精神恢复了许多，从怀里掏出一颗小豌豆，递到小薇手中，对她说："善良的孩子，谢谢你救了我的命！拿着这颗豌豆，把它种到你家窗下，老天爷会带给你好运的。"小薇接过豌豆，辞别了老爷爷，给妈妈扫墓去了。

回到家里，已是深夜，小薇趁着后母和姐姐们都睡着了，打开窗户，把老爷爷送的豌豆种在了窗下，又浇了点儿水。突然，神奇的事情发生了。这颗豌豆迅速地发芽生长，窜出了地面，越过了屋顶，直穿云霄，转眼间就看不到它的尽头了。小薇惊呆了，她不知道豆茎会通向哪里，怀着强烈的好奇心，她爬了上去。她越过了屋顶，穿过了云霄，爬啊爬啊，也不知道爬了多久。最后，她眼前一亮，来到了一座宫殿面前。这座宫殿金碧辉煌，小薇从来没见过，可她听说只有玉皇大帝才住在这样的地方。可是，天上真的会有玉皇大帝吗？

小薇走进宫殿，看到了许多奇珍异宝，可是她一样也不敢动。因为妈妈告诉过她，不是自己的东西不能拿。走着走着，她走到了一个房间，她推开房门，看见一个英俊、帅气的少年静静地躺在床上，穿着华丽的衣服。"他长得可真好看，我从来没有这么好看的朋友，要是他能做我的朋友就好了"，小薇心

想。她多么想让他醒来，然后介绍自己，和他做朋友呀！可是，无论小薇怎么叫，都叫不醒他。小薇着急了，他怎么啦？难道他死了吗？想到刚刚见到的朋友，还没来得及认识就死去了，小薇伤心地哭了起来。

"呜呜呜"，小薇哭了好久，她的眼泪落到了少年的眼眶上、脸颊上，落到了少年的嘴里。忽然，奇迹发生了，少年苏醒过来了。他睁开眼睛，发现面前站着一个美丽的姑娘，正在哭泣。他伸出手，擦了擦小薇的眼泪，小薇又惊又喜。这个少年告诉她，这里是紫辰宫，是天空二十八神殿之一，自己是紫辰殿主，已经有三千岁了，主管天下财富。他的元神巡查凡间之时，不慎被困在天姥山上。因为元神被困凡间，只有凡人的眼泪才能召回。可天上的神殿，一般的凡人连它的踪影都无法寻到，又怎能轻易进入呢？紫辰殿主正发愁时，没想到小薇的眼泪唤醒了他，让他的元神回到了躯体中。

紫辰殿主听小薇讲述了她的身世，十分同情她，挽留她在天上的神殿生活，从此长生不老，永享荣华。可是小薇想到自己的爸爸，心中割舍不下，便和紫辰殿主约定每年阴历七月七这一天，她便爬上豆茎到紫辰宫来看望他。紫辰殿主送给小薇很多财宝，让她带回家去。

从此，小薇成了富有的人，再也不用受后母和姐姐们的欺负，过上了幸福的生活。每年七月七日的夜晚，在大家都睡着之后，她就爬上豆茎到紫辰殿和好朋友一起聊天谈心。嘘，这可是他们俩的小秘密！

第十二章 举一反三

用思维导图战略分析法进行自我定位分析的示例如下。

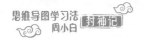

思路：方新余 绘制：颜春丽

通过优势、劣势、机会、威胁的分析，我了解了自己当前的学习状态，同时明确了学习的目标和紧迫性，也对目前要做的事情有了清晰的方向。

1.利用机会，保持优势。

语文和数学是我的优势学科。我要进一步运用好家里藏书丰富，妈妈喜欢学习和人脉广的机会，再提升阅读量，和妈妈探讨学习方法，请师公带我探索更多数学难点，还要多多请教老师，保持语文和数学的优势。

2.利用机会，改善劣势。

我的英语和科学成绩相对比较差，我想通过深入学习思维导图和记忆法，并且利用一些App多多背诵新概念英语，学习科学知识，争取使英语和科学成绩都能保持在98分以上。

还要请爸爸多多带我训练跆拳道，增强体能，提升体育成绩，以保持强健的体魄，并在将来中考、高考时能有好成绩。